中公新書 2851

釘原直樹著

集団はなぜ残酷に
また慈悲深くなるのか

理不尽な服従と自発的人助けの心理学

中央公論新社刊

はじめに――集団心理の光と影

人はだれでも家族や職場集団、地域共同体、国家など何らかの集団に所属している。われわれは古来、集団に所属することで危険や災害から身を守ってきた。人間を知るためには集団を理解することは不可欠である。

集団は人の生存にとって必要不可欠であるが、それには光の部分と影の部分がある。この光と影が際立つのは極限状況である。フランクル著『夜と霧』はそのことを鮮やかに示している(1)。この本は、第2次世界大戦中のアウシュヴィッツ強制収容所に囚人として収監されたユダヤ人の精神科医による実体験に基づいた手記である。同書の特徴は、飢えや暴力、強制労働による疲労、人間の尊厳を損ねるような理不尽な命令や処置、日常的な死との直面といった過酷な状況における人々の行動が、科学者の視点を失うことなく客観的かつ詳細に述べられているところにある。

同書では監視兵やカポー（収容者の中から選ばれた監視人）のサディスティックな行動と監視される収容者の無感覚、感情の鈍麻、冷淡と無関心、理不尽な同調、それから卑屈な服従行為といった集団行動の影の部分について淡々と述べられている。たとえば1人の収容者が死ぬと仲間が次々に、まだ温かい屍体《したい》に近づき、1人は遺体のポケットから泥をかぶったジャガイモを、もう1人は自分のものよりましな木靴を、さらに別の者は上着を、そして結び紐《ひも》を取り、喜ぶ様子が描写されている。さらにカポーの中には命令に過剰に服従し、ナチスの監視兵よりもかえって残虐非道な行為をする者がいたことについても綿密に描かれている。

一方、そのような極限状況でも仲間同士の助け合いといった集団の光の部分についての記述もある。著者が下水溝の蓋の上に座って休憩していたとき、仲間が逃亡を試み、下水溝に這《は》い込んできたのであるが、著者は平気を装うことで、監視兵の目をごまかして仲間を助けたという。それから親衛隊員の中には私費で町の薬局から結構高価な薬を購入し収容者に与えた者もいたという。またある監視兵は自分に配給されたパンを倹約し、その小片をそっとある収容者に渡したこともあったらしい。このように集団が極限状況に置かれた場合、同調行動や服従行動といった集団の影の部分と、自分の不利益も顧みず他者に尽くす光の部分が顕在化するのである。

心理学の研究分野の中でも、社会心理学や集団力学は重要な領域を占めている。内外の心理学、特に社会心理学関連の書籍をひもとけば服従や同調行動に関する研究が紹介されていることが一般的である。読者は常識に反するその内容に衝撃を受けるのではないだろうか。

それを一言で表現すれば、普通の一般的な市民でも状況によっては大量殺人のような非人間的な行為を行う可能性があるということである。すなわち、特別な悪人が悪を行うのではなく、状況が普通の人を悪に転換させるのである。

ただし、服従や同調に関する研究は、わが国では数少ない。特に服従に関する研究は、研究手法が倫理基準に抵触する可能性があるために実施が難しかった。さらに服従や同調には文化の違いが反映されると想定され、外国と日本では事情が異なる可能性がある。そこで、本書は筆者が国内で行った服従や同調に関する実験を含めて、いくつかの実験を紹介し、外国で行われた実験結果と比較することによって、考察を深めることにする。

一方、異常事態でも理性を失うことなく、人道的に振る舞うことも人間の一側面である。危機事態では、人は自分が助かりたいがために自己中心的、非理性的行動をするというイメージがある。しかし数々の事例研究によれば助け合いが行われ、わが身を危険にさらしながらも他者を救助したり、名誉のために命を懸けたりする場合があることが明らかになっている。

本書では、タイタニック号沈没事故、(2)ドイツ軍戦闘機搭乗員の行動、(3)9・11同時多発テロ時に崩落した世界貿易センタービル内の避難行動、(4)ガルーダ・インドネシア航空機の福岡空港離陸失敗事故(5)などの危機的状況における人々の行動に関する事例研究を紹介することによって、集団の光の部分(理性的行動や助け合い)も明らかにする。

「疾風に勁草《けいそう》を知る」という格言がある。それは人が極限状況に置かれたとき、当人の勇気や美徳だけでなく、邪悪で自己中心的な側面も顕在化することを表している。その意味で極限状況は人間性を試すリトマス試験紙のようなものといえるかもしれない。本書が、そのような状況を読者の方々がイメージすることや、自分の行動を振り返る手がかりになれば幸いである。

目次

第2章 服従の理由は？ 第三者の感想は？ 実験の問題点は？——51

第3章　同調行動はなぜ起きるのか――91

イラスト　森谷満美子
図版制作　関根　美有

序章　集団とは何か

集団の定義

集団は、社会的関係によって結ばれている2人以上の人の集まりである。社会的関係は家族や友人から人種や民族まで、多種多様である。そのサイズも、2〜3人から大群集まで様々であり、メンバーの性格や関係の強さ、その持続時間なども集団によって異なる。人に個人差があるように、集団にも個体差がある。そのため集団を定義することは難しく、集団のどの要素（たとえば、コミュニケーション、影響過程、相互依存関係）に焦点を合わせるかによって異なるものになる。結局、集団を定義するさいにはこれらの要素を並べて記述することになる。ということは、これらの要素をすべて強く持つ集団は集団としての存在感が強いことを意味する。この存在感（人々が持つ印象）が**集団実体性**（group entitativity）である[1]。その構成要素としては次のようなものがある[2]。

①相互作用——集団成員相互の日常的交流やコミュニケーションの程度
②役割やヒエラルキー構造——集団の中での成員の地位や役割の明確さ
③重要性——集団成員が当該の集団に所属することの重要性
④類似性——集団成員の行動様式、外見、性別・年齢・職業・所得などのデモグラフィック（人口統計学的）な要因の類似性
⑤持続性——集団としての存続時間・期間
⑥共通目標——集団成員の目標の一致の程度
⑦共通結果——集団成員個人に与えられる結果や報酬と集団全体の業績の関連の強さ
⑧浸透性——集団に対する参加と離脱の容易さの程度
⑨サイズ——集団を構成している人数

このうちの①〜⑦はその程度が高いほど、そして⑧と⑨に関してはその程度が低いほど集団としての実体性も明確なものになる。

集団は実体性が明確なものから曖昧なものまで様々なものがある。たとえば家族や親しい友人集団のような比較的小さくて親密な人で成立している集団（**第1次集団**）は、先述した要素①〜⑦の程度が高く、⑧と⑨は低く、実体性が明確である場合が一般的であろう。

一方、会社組織や学校や軍隊、オーケストラ、野球のチームなど、共通目的や利益を追求す

るために作られた集団は**第2次集団**である。第2次集団は集団によって実体性の程度が異なり、一般に実体性が高いほど効率的、機能的集団である可能性が高い。たとえばプロ野球で優勝するようなチームは、チーム内でのコミュニケーションもよくなされているであろうし、投手の役割（たとえば、先発、中継ぎ、クローザー）も安定しているであろうし、集団目標である優勝に向かって選手やスタッフが一丸になっていることであろう。

そして、実体性が最も低いのが**集合**である。集合はたとえば、映画館の観客、バス停で待っている人々、銀行のATMに並んでいる人々などの集団である。彼らの間に日常的な相互作用や役割や共通の目標はないであろうし、集団への出入りも自由である場合が多いであろう。このように実体性の程度によって、集団の特質を分類できるのである。

集団の機能

なぜ人々は集団を作り、それに所属しようとするのか。

第1の理由は集団がメンバーの力や知恵を結合し、それが個人の生存にとって役に立つからである。個々の人間は非力であり、集団に所属することによって環境に適応している。大きな建造物の建設や国家などの巨大組織の運営は個人の力の及ばないところである。

第2は愛情や親密さを求める欲求を満たしてくれることである。特に家族や友人との情緒的関係、サポート関係は大事である。これが欠けると生きていくうえでの**ウェルビーイング**

(well-being)が損なわれる。ハーヴァード大学の75年間にわたる追跡調査によると、幸福や健康に影響したのは年収、学歴、職業ではなく、良い人間関係のみであったということである。[3]また本書で取り上げる航空機事故の事例は、日頃の人間関係が緊急事態の混乱や興奮の抑制につながったことも明らかにしている。

第3は自分や世界を理解するための枠組みを与えてくれることである。自分の能力や学力、体力は、集団の中の自分と似たような他者と比較してわかるものである。たとえばノーベル賞をもらったような研究者と自分の知的能力を比較しても、それは自分を知るうえで参考にならないし、オリンピックに出場した選手と比較しても、それも自分の体力を知るうえで参考にはならない。同レベルの他者が必要なのである。それから世界を知るためには多くの人が同意していることが前提となる。われわれは進化論や地動説、原子の存在などを正しいものと信じているが、それは学校でそのように教わったからであり、五感で確認したわけではない。しかし、われわれはそのような理論や考え方を受け入れることによって、安定した世界観を獲得できるのである。一方、後にも取り上げるが、アメリカ人の約半数は進化論を受け入れていないというデータもある。先進国の中でこのような国はアメリカのみであり、特にアメリカで陰謀論が発生しやすいのはこのような背景があるからかもしれない。

第4は、アイデンティティ確立に貢献することである。人は個人としてのアイデンティティと社会的アイデンティティの両方を持っている。特に戦争や革命のような非日常的事態では個人としてのアイデンティティが背後に退き、集団としてのアイデンティティが顕在化する。そのようなとき、人々は自分自身を集団と同一視して、集団の価値や規範を自分のそれとして取り込むのである。(4) それにより世界を単純なものにし、理解することも容易になる。(5) わが国の自殺率の推移を見ると第2次世界大戦中は明らかに低下している。社会学者デュルケームは、戦争が自殺の増加を抑制すると述べている。(6) 戦争は国民の大多数を国家と同一視させ、国民としてのアイデンティティを顕在化させるものと思われる。そのために多くの人々のアイデンティティが強固に、かつ安定したものになり、それが自殺率の低下につながった可能性がある。

何が集団に光と影をもたらすのか

集団はこのように、メンバーの力や知恵を結合させ、親密欲求を満たし、自分や世界を理解するための枠組みを用意し、アイデンティティを強固にしてくれるのである。その意味では人間にとって集団の存在は光（善）であるはずである。しかし、一方では集団には、後で紹介するような服従や攻撃、同調といった影（悪）の部分がある。集団の悪の主な原因として以下の3つのものが考えられる。(7)

その第1は目的を達成するために非倫理的手段が採用されてしまう場合である。個人間、集団間の利害（たとえば、金、土地、権力、異性に関する利害）が対立する場合、ときには暴力が用いられることがある。暴力は短期的には加害者の利益獲得に役立つが、長期的には弊害のほうが大きいことが明らかにされている。そして暴力は次第にエスカレートすることがある。最初は口論レベルで収まっていたものが、最終的には殺傷力が強い武器を使った争いとなってしまう場合もある。わが国の大学では1960年代に新左翼のセクト間の内ゲバ（ゲバとはドイツ語の暴力《ゲバルト》の略）が発生した。内ゲバは1961年ころから主として全学連の主導権争いをめぐり、集団で旗竿《はたざお》、角材等を使用して殴り合う形で始まった。それが次第にエスカレートし、武器も鉄パイプや斧《おの》等となり、攻撃対象をあらかじめ選定して自宅や路上で襲うなどするようになった。1970年代の前半に多くの死傷者が出ている。[8・9] これまでに、「内ゲバ」の被害者は死者だけでも100人を超えている。負傷者は4600人以上ということである。

哲学者のニーチェの言葉に「個人の狂気は稀《まれ》だが集団の狂気は普通である」というものがある。[10] 価格競争のような場面を設定した囚人のジレンマゲーム（ある被験者の利己的行動が他者の対抗行動を触発し、結局全員が望ましくない状態に陥ってしまうような心理ゲーム）実験がある。これを個人同士で行えば協調的傾向が見られ、全員がある程度の利益を得ることができたが、集団同士で行うと競争状態になりがちとなった。なかでも集団の代表者同士が行う場合には特に激しい競争となり全員の利益が最低となった。[11] このように、集団になれば、成員は自己中心的振る舞いやリスクの高い意思決定をする可能性がある。国家間の紛争が激しくなりがちなのも、その背景にはこのようなメカニズムが働いている可能性がある。

第2は自尊心が傷つけられるような場合である。利害や利益ではなく、自己のイメージが損なわれることが悪や暴力を引き起こすのである。自尊心が高かったり、ナルシシストの傾向がある人や集団が、根拠ある批判を受けたりすると過剰に攻撃的になることがある。これはナチスやクー・クラックス・クラン（KKK）のような暴力的な集団にも当てはまる（ナチスの場合はアーリア民族、KKKの場合は白人の優越性を強調している）。また中東地域で発生しているテロは、集団主義、精神主義、安定の追求、身分の尊重といった伝統的な中近東文化や価値観に対する西側先進国による軽視あるいは蔑視が人々の自尊心を傷つけていることも背景にあるといわれている。

第3は理想や正義の追求である。戦争や革命は正義や大義を掲げて行われることが常である。そしてその高尚な理想の実現のためにある程度の犠牲もやむをえないとして大規模殺戮《さつりく》を実行することがある。数々の悪の中で理想主義ほど大量の犠牲を生むものは他にない。戦争以外で最も多くの死者を出したのは、ソ連のスターリンによる粛清と中国の毛沢東《もうたくとう》による文化大革命であるといわれている。前者は800万～1000万人、後者は約2000万人の犠牲者を出したと推定されている。両者とも貧富の格差がなく友愛に満ちた社会主義・共産主義のユートピアを目指したはずであろう。ナチスもまた、崇高な理想を掲げていた。彼らはアーリア民族が繁栄の中で暮らし、道徳的美徳に満ちた理想的な社会を作ろうとしていた。ナチスの残虐行為の象徴とされている親衛隊将校たちは厳しく選抜され、道徳的なエリートで構成されていたということである。しかし、そのことが巨大な悪を生み出したのである。

そして、このような「理想や目的が手段を正当化する」という考えは結構、強固である。映画やテレビではそのようなドラマが数多くある。たとえば、「必殺仕置人」「暴れん坊将軍」などは正義のために社会的ルールや法の枠を飛び越えて悪人に鉄槌《てっつい》を下すのである。ドラマの中で描かれる悪は疑うべきもないものであるが、現実にそのような正義や悪人は存在するのであろうか。正義の鉄槌自体が悪を生み出す原因となっている可能性がある。

集団には、先述したようにポジティブな機能がある。しかし、集団が目指す目標によっては、あるいは集団が置かれた状況によってはこの機能が逆回転を始めるのである。特に集団実体性が高い一枚岩の集団ほど、逆回転が加速する。

第1章　わが国で行われた服従実験で明らかになったことは何か

1　責任を「人」に押し付ける

第2次世界大戦中、ナチス・ドイツは強制収容所などで600万人ものユダヤ人の大量殺戮を行った。その責任者の1人がアイヒマンである。われわれは、アイヒマンのような行動をした人を「人間ではないサディスティックな悪魔」と見なして、自分たちと異なるカテゴリーに置くことにより、心の安寧《あんねい》を得る傾向がある。(1) 悪魔のような所業を行った人物について、性格や特性にその原因があると考えれば、事件や現象全体が簡単に説明可能であるうえに、「自分ならそのようなことをするはずがない」として、自分たちの善を再確認できるというメリットがある。これが**根本的帰属錯誤**（fundamental attribution error）と呼ばれるものである。(2) それは周りの環境や状況の影響力を過小評価、あるいは無視して、もっぱら「人」に責任を押し付ける心理メカニズムである。

状況の力の過小評価と個人の責任の過大視

この種の錯誤は戦時下のような異常事態でのみ生起する現象ではない。われわれは、日常的に、原因が曖昧な事象について、無意識に状況の力を過小評価し、個人の責任を過大視する傾向がある。

哲学者ヒュームは因果関係が成立する条件として、近接、経時、頻度の3つを挙げている。原因をX、結果をYとすれば、XとYが近接し、そしてXがYに先立ち、さらにXとYの連接が頻繁にあるほど人はXをYの原因と推測する。

たとえば、歯磨き粉を薬と思い込んだとき、実際に症状が良くなることがある。これを偽薬(プラセボ)効果という。この場合Xを歯磨き粉摂取、Yを症状好転とすれば、近接とはXとYのタイムラグが小さいことであり、経時とはXの後にYが起きることであり、頻度とは何度もそのような経験をすることである。

科学的因果推論も迷信も同じ構造である。社会的事象の因果推論の場合、Xとして最も顕在化しやすいのは「人」であろう。

プロ野球監督の責任論

人に責任を負わせることにより、状況の改善を図ることは様々な組織でも行われている。その例の一つがプロ野球監督の交代劇であろう。集団や組織の不首尾の原因を客観的に評価するのは容易なことではない。たとえば、スポーツのように勝敗が明白であり、個々の選手や監督のパフォーマンスが数値で表示可能なケースでも、彼らのチームに対する実質的貢献度を正確に把握するのは困難な場合が多い。

ここでは、プロ野球の監督の能力評価について考察してみる。筆者はデータベース[3]等から関連したデータを抽出し、分析した。表1―1に過去73年間（1950〜2022年）の各球団の平均順位と監督交代回数と交代した年の平均順位、それから監督交代翌年（新監督が就任した年）の平均順位を示した。[4]

表1―1の監督交代の延べ回数より、全体的に、成績が良いチームの監督交代回数は少なく、特に巨人のそれは顕著に少ないことがわかる。さらに、各チームの監督が交代した年の順位はそのチームの全年平均順位より低く、監督は成績不振の責任を問われて解任された、あるいは辞任していることがうかがえる。さらに監督交代の翌年の新監督のもとでは、ソフトバンクとオリックスを除いて、成績が向上している。表1―1のデータからは、監督の力量は正当に評価され、それが処遇に結びついていることが示されているように思われる。しかしこの評価は妥当なものであろうか。

表1―2は監督が交代した年とそれ以外（監督非交代）の年、それからその翌年の平均順位、

表1―1　1950〜2022年のプロ野球ペナントレース、球団の平均順位と監督交代回数

セ・リーグ球団名	セ・リーグの全年平均順位	監督交代年の平均順位	監督交代翌年の平均順位	監督交代の延べ回数
巨人	1.97位	2.45位	2.36位	11回
中日	3.16	3.75	3.25	24
阪神	3.40	3.79	3.46	28
広島	3.96	4.58	3.89	19
ヤクルト	4.07	5.24	3.86	21
横浜	4.52	5.11	4.64	28

パ・リーグ球団名	パ・リーグの全年平均順位	監督交代年の平均順位	監督交代翌年の平均順位	監督交代の延べ回数
西武	2.81位	3.53位	3.06位	17回
ソフトバンク	2.96	4.25	4.42	12
オリックス	3.36	4.05	4.30	20
ロッテ	3.81	4.28	3.96	25
日本ハム	3.99	4.81	4.67	21
楽天	4.23	5.28	4.88	25

そして前年の順位からの変動をセ・パ両リーグについて示したものである[5]。

表1―2の①と②を比較すれば、監督交代の当年は全体より順位が低いことは明白である。そして、その翌年の順位は上昇している（②と④の比較）。このことは表1―1の結果と同じである。しかし、監督が交代していない年（非交代年）でも、監督交代年と成績が同等の場合、やはり翌年の順位は上昇している（③と⑤の比較）ことが示されている。特にパ・リーグの場合は監督が交代していない場合のほうが、順位の上昇は顕著である。このデータが意味するのは、監督の交代はチーム成績にほとんど影響しないということである。監督の能力の違いがチームの成績に影響するように感じられるの

表1―2　1950～2022年のプロ野球ペナントレース、セ・パ両リーグ平均順位と監督交代・非交代の影響

	セ・リーグ	パ・リーグ
①全体の平均順位	3.51位	3.53位
②監督交代チーム当年の平均順位	4.30	4.43
③低成績監督非交代チームの当年の平均順位（②と平均順位が同じになるまで高順位のケースを削除したデータ）	4.30	4.43
④監督交代チームの翌年の平均順位	3.71	4.25
⑤監督非交代チームの翌年の平均順位	3.91	3.80
⑥前年1位チームの翌年の平均順位	2.29	2.26
⑦前年2位チームの翌年の平均順位	3.00	3.00
⑧前年3位チームの翌年の平均順位	3.13	3.33
⑨前年4位チームの翌年の平均順位	3.85	3.56
⑩前年5位チームの翌年の平均順位	4.27	4.04
⑪前年6位チームの翌年の平均順位	4.35	4.73

は、**平均への回帰**という確率変動の誤認識にすぎないのかもしれない。平均への回帰とは、実力を平均値とするならば、個々のデータは平均を中心として上下に変動するが、長期的には平均値に近づくという現象である。

実際、表1―2に示されているように、前年度の成績が3位以上のケース（⑥⑦⑧）では成績はすべて低下し、4位以下（⑨⑩⑪）の成績はすべて上昇しているのである。見方によっては、監督は成績不良の濡《ぬ》れ衣《ぎぬ》を着せられ、スケープゴートとなっている可能性がある。

大リーグのデータ分析結果によれば、勝敗に及ぼす選手の貢献（投手力や打撃力、守備や攻撃）の割合は67％であり、監督の貢献度は1％強にすぎなかったという研究もある。

一見、客観的、かつ妥当な評価が行われて

いるように思われる場合でも、それは評価者の誤認識かもしれないのである。このように成績が振るわなかった場合は代表者である監督が解雇されることになる。真の原因はチーム全体、いわば監督が置かれた状況にあるにもかかわらずである[6]。

2 服従実験と悪の凡庸性

服従実験の他分野への影響

以下に紹介するミルグラムが行った服従実験[7]は、このような人々が陥りがちな根本的帰属錯誤の問題に警鐘を鳴らすことになった。そして、悪の凡庸性を明確に示したものであった。

「**悪の凡庸性**」とは、第2次世界大戦後イスラエルで実施されたアイヒマン裁判を傍聴したユダヤ系の政治哲学者ハンナ・アーレントが述べた言葉である。アーレントは、アイヒマンは上官の命令に忠実に従っただけで、異常な人間ではなく、あのような状況に置かれたら、大方の人が、良心の呵責《かしゃく》を感じることなく大量殺人を実行する可能性があると述べている[8]。ごく普通の人間でも権威からの要請があれば、残虐行為に手を染めてしまうかもしれないのである。

このミルグラムの実験は有名であり、心理学のみならず様々な分野（たとえば哲学や社会学のような人文社会科学全般からエンターテインメントの分野までも）に大きな影響を与えた。現在発刊されている社会心理学関連の書籍は必ずこの実験を取り上げ、6割近くの被験者が服従した衝撃的結果を記述している。その後、実験実施に伴う倫理問題のために、バーチャルリアリティーを用いた実験[9]やいくつかの現場研究（看護師の医者に対する服従研究[10]、客室乗務員のパイロットに対する服従研究[11]）などは行われているが、1960～70年代以降、ミルグラムの方法に則《のっと》った研究は数少ない[12]。

ミルグラムのオリジナル実験

まず、ミルグラムが行ったオリジナルの実験[13]について簡単に紹介する。1963年、アメリカの心理学者ミルグラムは罰と学習に関する実験を行うと称して被験者を募集した。被験者は年齢も経歴も様々であった。被験者はイェール大学の実験室に到着すると、白衣を着た謹厳実直そうな実験者と、もう1人の被験者（実際は研究者と前もって打ち合わせをしているサクラ）と顔を合わせた。そして、教師役となった被験者は、隣の部屋にいる生徒役のサクラが、記憶課題で間違えばその都度、生徒役に罰として電気ショックを与えなければならない状況に置かれた。電気ショック発生装置には15～450ボルトの目盛りが表示されていた。被験者は生徒役が間違うたびに、次第に電撃の強度を上げるように指示された。実際には電撃は与えられなかったが、生徒役はあたかも罰を受けているかのような演技をして、隣の部屋から、被験者に聞こえるように壁を叩《たた》き、唸《うな》り声《ごえ》を出したり悲鳴を上げたりした。そして何度も実験をやめるように懇願した。しかし実験者はこの研究が科学の発展につながることを強調して、被験者に続

150

表1―3　ミルグラム（標準条件）の追試実験における服従率の国際比較

アメリカ国内の研究		アメリカ国外の研究		
著者	服従率（%）	著者	国	服従率（%）
Milgram (1974) (Average of Exps.1,2,3,5,6,8,10)	56	Ancona and Pareyson (1968)	イタリア	85
Holland (1967)	75	Edwards et al. (1969)	南アフリカ	88
Rosenhan (1969)	85	Mantell (1971)	ドイツ	85
Podd (1970)	31	Kilham and Mann (1974)	オーストラリア	28
Ring et al. (1970)	91	Shanab and Yahya (1977)	ヨルダン	73
Bock (1972)	40	Shanab and Yahya (1978)	ヨルダン	63
Powers and Geen (1972)	83	Miranda et al. (1981)	スペイン	50
Rogers (1973)	37	Gupta (1983)	インド	43
Shalala (1974)	30	Schurz (1985)	オーストリア	80
Costanzo (1976)	81			

アメリカの服従率＝60.94%，アメリカ外の服従率＝65.94%（ブラス（2012）作成に基づく）。小数点以下は四捨五入した

行するように要求した。

実験の目的は被験者が実験者の要求にどれだけ服従するか（それが生徒役を傷つけることになるにもかかわらず）を確かめることであった。実験の結果は、精神科医のような専門家の予想も覆す驚くべきものであった。65％の被験者が最強の450ボルトまで要求に従った。人権意識が高い民主主義国のアメリカ人の多くが理不尽な要求に服従したのである。

わが国と外国の服従実験

表1―3はアメリカおよびその他の国で行われた実験結果を示したものである⒁。主に1970年代にいくつかの国で実験が行われているが、服従率の平均は6割ほどであり、ミルグラムの実験結果とほ

ぼ同じである。服従率は国や文化を超えてあまり変わらず、実験の再現性は高いといえよう。ちなみに、わが国においては、大阪大学人間科学部の卒業論文研究として1980年（発表は1982年）に小森収が行った実験がある。[15] その実験の服従率は約68％であった。

服従実験と時代の雰囲気

1970年代と比較して現代は社会構造や社会の価値観、雰囲気、人の志向性もかなり変化している。アメリカで行われた1970年代の被験者は戦前生まれが多く、ソ連との冷戦状態もあり、アメリカ的価値観（自由や正義など）を教え込まれた世代であった。子どもに対する養育方法も、子どもが両親や大人に対して服従することの美徳を強調することが中心であった。それに対して現代は、アメリカ的価値観をなんの疑いもなく信奉している人の割合は低下していると考えられている。[16] また1970年代には考えられなかったLGBTや同性婚、戦闘への女性兵士の参加、離婚の増加など男女や家族関係についての価値観も多様化・分断化している。それに現代はテロリズムやロシア・中国の権威主義的体制への不安もあり、権威に無条件に服従することとの危険性を人々が認識している可能性もある。アメリカではこのような問題点をふまえて、ミルグラムが行った実験の手続きを修正し、大学の倫理委員会の審査を経て新たな実験が行われている。[17]

わが国は集団主義の文化だといわれている。すなわち世間や多数者に従う傾向が強いといわれている。このような考え方に則れば、わが国の場合には服従傾向が高いであろう。しかし一方、わが国では自由や正義といった国家や社会の理念も明確でないとの指摘もある。そのために権威や当局に対する信頼性もアメリカより低いかもしれない。またわが国では戦後一貫して個性の尊重を教育の中核に位置づけている。流行歌などにもそれが現れていて、たとえばSMAPの「世界に一つだけの花」は個性や個人を尊重することの大切さを繰り返し訴えている。戦後の価値観の変化について以下のような見解もある。(18)

わが国の価値観は敗戦を境にして大きく変化したと考えられている。しかし敗戦の8月15日を境にして古い価値観がすべて崩れたわけではなかった。ものを大事にするとか老人を敬うとか他人の家の子も叱るといった戦前の美風は昭和30年代までは確かに残っていた。例えば純潔教育をうながす文部省の通達が当時は繰り返し出され、若者向けの小説や映画でも純潔が大切なテーマであった。このような傾向が変化したのは高度成長期以降だと言われている。

もし1970年代にわが国で服従実験が行われたとすれば服従傾向はかなり高かったかもしれない。これについては検証のしようがない。さらに2011年に発生した原子力発電所の事故により人々の科学技術への信頼性が低下している可能性もある。そのようなこともあり、科学者が科学目的のために被験者に強制しても服従させることができるのか疑わしい。このようなことから現代のわが国では服従率は低くなることも考えられた。

　そこで21世紀の今こそ、新たな実験を日本で行うことは大きな意義があると考え、筆者は実験を計画した。筆者が実施した実験の目的はアメリカで実施されたバーガーによる新しい服従実験の方法[19]（２００９年発表）に則り、時代も文化も異なる現代のわが国の服従行動について明らかにすることであった。

3　筆者が行った服従実験

方法の概要

　実験は２０１２年12月に倫理審査申請書が大学の倫理審査会により承認され、２０１３年３月に実施した。しかし２０１３年５月の実験延長申請は審査会で不承認となった。不承認の経緯については後に述べることにする。ゆえに、ここで紹介するのは２０１３年３月に実施した実験についてのみである[20]。

　被験者の募集はインターネット調査会社を通して行った[21]。本実験は心理的負担が大きい実験である。そのため、臨床心理の専門家（臨床心理士）との共同研究とし、対策を行ったうえで実施した。さらに、精神疾患の経験がある被験者の実験参加を回避する処置をとることにした。そのために実験参加希望者に精神疾患の病歴を尋ねた。それはインターネット調査会社のホームページ上に掲載された。関連する質問は左記の通りである。

①神経症や精神病で診断を受けたことがあるか。
②最近、心理療法を受けたことがあるか。
③最近、不安や抑うつを軽減する薬を飲んでいるか。
④健康状態がストレスによって影響を受けているか。
⑤アルコールや薬物で問題を抱えたことがあるか。
⑥子ども時代の虐待、家庭内暴力などで重大な心の傷を負ったことがあるか。

実験にあたっては、被験者は2回のセッションに参加した。1回目は臨床心理士によるスクリーニングである。臨床心理士は実験の内容をよく理解しており、被験者は最初に共感性や不安、抑うつの程度を測定する質問紙に回答した。この結果を参考にしながら臨床心理士は標準化された面接を30分ほど行った。被験者がこの実験により何らかの悪影響を受ける可能性があると判断された場合は、その時点で実験は終了となった。ここで実験参加が不適当だと判断された被験者には謝礼５０００円が支払われ、実験や被験者の心理状態についての十分な説明が行われた。

以上の手続き終了後、実験が開始された。実験中には臨床心理士が立ち会い、実験を監視した。所要時間は全体で1時間ほどであった。謝礼は５０００円であった。本実験は基本的にバーガーの実験(22)に準拠しており、次の4点についてミルグラムのオリジナル実験と異なる。

①オリジナル実験では４５０ボルトまで測定している（実際には生徒役のサクラに電撃は与えられていない）が、本実験では１５０ボルトで実験を終了した（本実験でも電撃が与えられることはなかった）。１５０ボルトでサクラは初めて「実験を離脱したい」と強く主張した。それにもかかわらず被験者が実験を継続するか否かを服従行動の指標とした。１５０ボルト地点で終了するために被験者に過大なストレスを加えることはなかった。

②ただし実験開始前に被験者には実験手続きの信憑《しんぴょうせい》性を高めるためにデモとして微弱なサンプルショックを一瞬与えた。被験者に与えられるサンプルショックは45ボルトであり、これは感じるか感じないかのかすかな刺激である。刺激の持続時間は一瞬であり、電極と皮膚を完全に密着させなければ感じない程度であった。この刺激は市販（オムロン社製）の低周波治療器（肩こりや、腰痛などの治療に使用される）から発生させた。

③実験終了後すぐに生徒役は実際にはショックを受けていないことを被験者に知らせた。

④被験者にストレスの兆候があれば、すぐに実験を中断した。実験終了後、実験内容について詳しい説明を行った。

研究対象が一般人男女であることは、服従行動に関する研究結果の一般性や生態学的妥当性（実験の結果が現実の事象をよく反映しているか否かに関連した妥当性）を確保するうえで重要であると思われる。学生を被験者にする実験は、ある意味では偏ったサンプルに基づくものであり、よく学生心理学（student psychology）と批判される。これを避けるために一般人に参加してもらった。

虚偽の説明を行うことは社会心理学ではよく用いられている方法である。もちろん実験終了後には実験目的と実験内容について入念な説明を行う必要がある。また、たとえ被験者が実験者の要請に従ったとしても、それは何ら特別な行動ではなく、一般的に見られる行動であることも強調した。それから実験終了後、何か問題を感じた場合にはいつでも連絡をするように伝えた。さらに実験終了3ヵ月後と1年後に被験者に連絡を取り、問題がなかったかを確認した。

1・被験者の募集

具体的な実験手続きは次の通りである。心理学実験の参加者募集と称して被験者募集のホームページに左記の文言を掲示した。

参加費として5000円（約1時間）支払います。記憶と学習の科学的研究をしています。仕事は1時間あまりでそれ以上の義務はありません。特別の訓練、教育、経験はいっさい不要です。

2・実験補助者と臨床心理士による面接

まず実験補助者が次の言葉について知っているかどうか尋ねた。

監獄実験　認知的不協和　ミルグラムの服従実験　古典的条件づけ　オペラント条件づけ　リスキーシフト　集団浅慮　リーダーシップPM理論　ミューラー・リヤー錯視　コミュニケーション・ネットワーク　社会的手抜き　ゲシュタルト心理学　囚人のジレンマゲーム

服従実験について「知っている」と回答した場合は、回答者は心理学に詳しいと予想されるため、正確なデータがとれないので実験参加を断った。

それから、年齢、職業、教育歴、性別について記入の後、次の質問項目に回答してもらった。

①多次元共感測定尺度28項目(23)（共感性、不幸な他者に対する同情）（項目例：自分よりも不幸な人たちには、やさしくしたいと思う。）

②コントロール欲求尺度20項目(24)（自分に関連した出来事をコントロールできるという信念）（項目

例：命令ということに関していえば、私はそれを受ける立場より、与える立場に立ちたい。）

その後、被験者は臨床心理士の面接を受けた（所要時間は30分）。面接は事前に用意された『M.I.N.I. 精神疾患簡易構造化面接法 日本語版5・0・0』（M.I.N.I. Mini international neuropsychiatric interview）[25]に従って30分ほど行われた。面接により被験者15人中1人（6・7％）が除外された。ちなみにバーガーの研究では38・2％が除外されている。

3・被験者に対する説明

被験者は実験補助者に連れられて実験室（教師役側の部屋）に入室した。その後サクラが入室した。白衣を着た実験者（態度は平然として笑わない）は被験者にビデオ撮影をする許可を求めた。そして実験承諾書に被験者とサクラの2人からサインをもらった。その後2人に対して次のような説明を行った。

人間がいろいろなタイプの材料をどのように学習するかを明らかにするために心理学者たちはいくつかの理論を作りました。この本の中で有名な理論がいくつか論じられていますす（被験者に英文の分厚い学習理論の本を示した）。ある理論は、人間は、間違うたびに罰を与えられるなら、ものごとを正しく学習する傾向が強くなるとしています。実際、親が子どもに罰を与えるときに考えているのは、そうすれば子どもがもっとものを覚えるようになるだろう、もっと早く学習するだろうということです。ですが、本当のところは学習に対する罰の効果についてはほとんど何もわかっていていません。人間に関する罰の効果につい

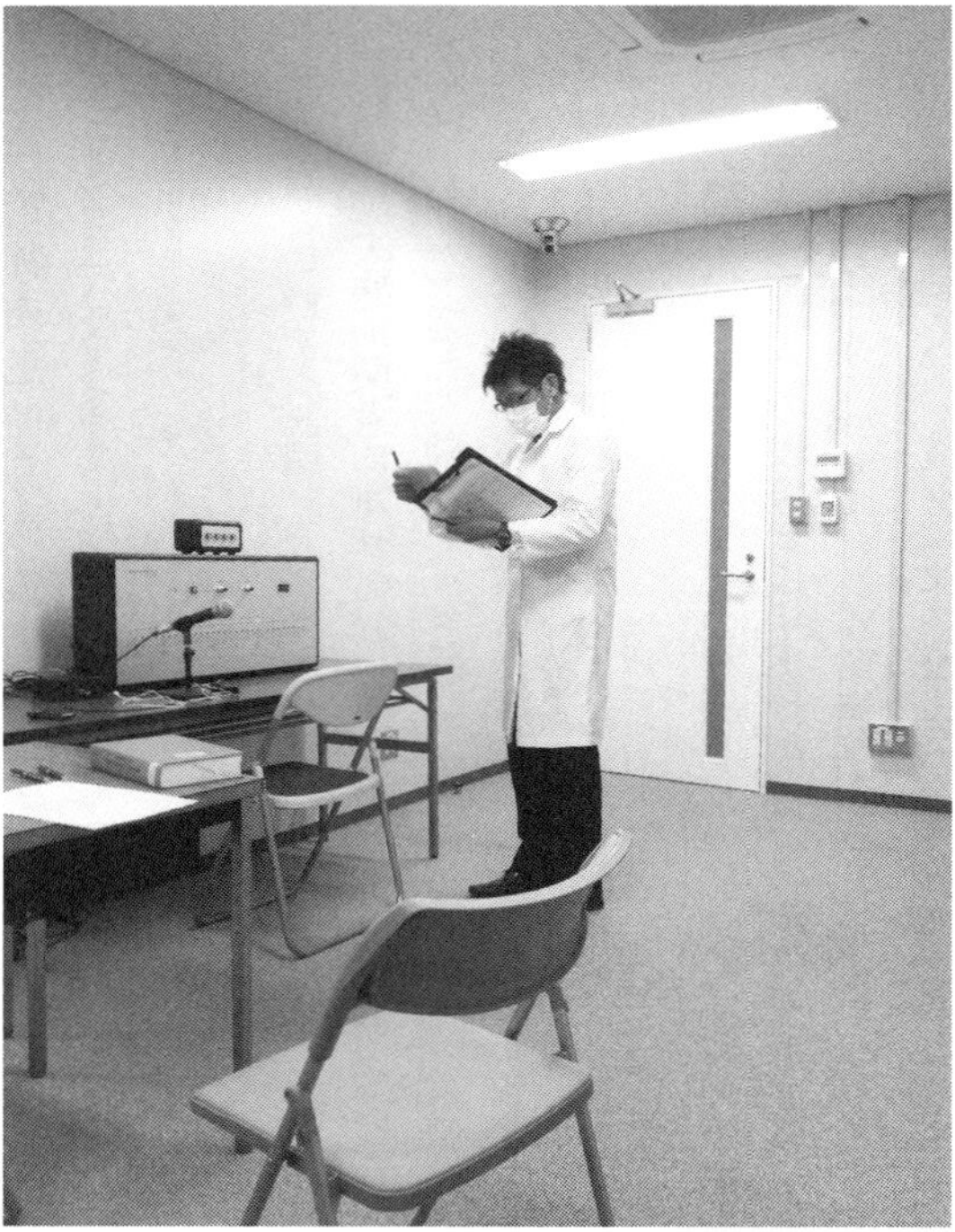

図1—1　教師役用の部屋と実験者

ては科学的な研究がほとんど行われていないからです。たとえば、どの程度の罰が学習のために最も良いのかもわかっていませんし、誰が罰を与えるかでどれほどの違いがあるか、大人は自分より年下の者から学習したほうがいいのか、年上の者から学習したほうがいいのか、そのようなこともわかっていません。

そこでこの研究では、いろいろな職業と年齢の人に参加してもらっています。ある人たちには教師、ある人たちには生徒役になってもらうつもりです。様々な人が教師役および生徒役としてお互いにどのような影響を及ぼすのか、またこの場面で罰はどのような効果があるか知りたいと思っています。

そのため、ここではあなた方の1人に教師役、もう1人に生徒役になってもらいたいと思っています。あなた方お2人はどちらになりたいですか（サクラと被験者はそれぞれ希望を言う）。さて、そのために一番公平な方法はくじ引きで決めることだと思います。くじが2枚あり、どちらかには教師、どちらかには生徒役と書いてあります。お2人ともくじを引いてください。

被験者が最初に引き、次にサクラが引く。くじは実際にはどちらも教師と書いてある。サクラは生徒役のくじを引いたと虚偽を言う。そのためにサクラが生徒役、被験者が教師役に割り当てられることになる。その後、実験者は2人を生徒役用の部屋に案内する。そして次のよう

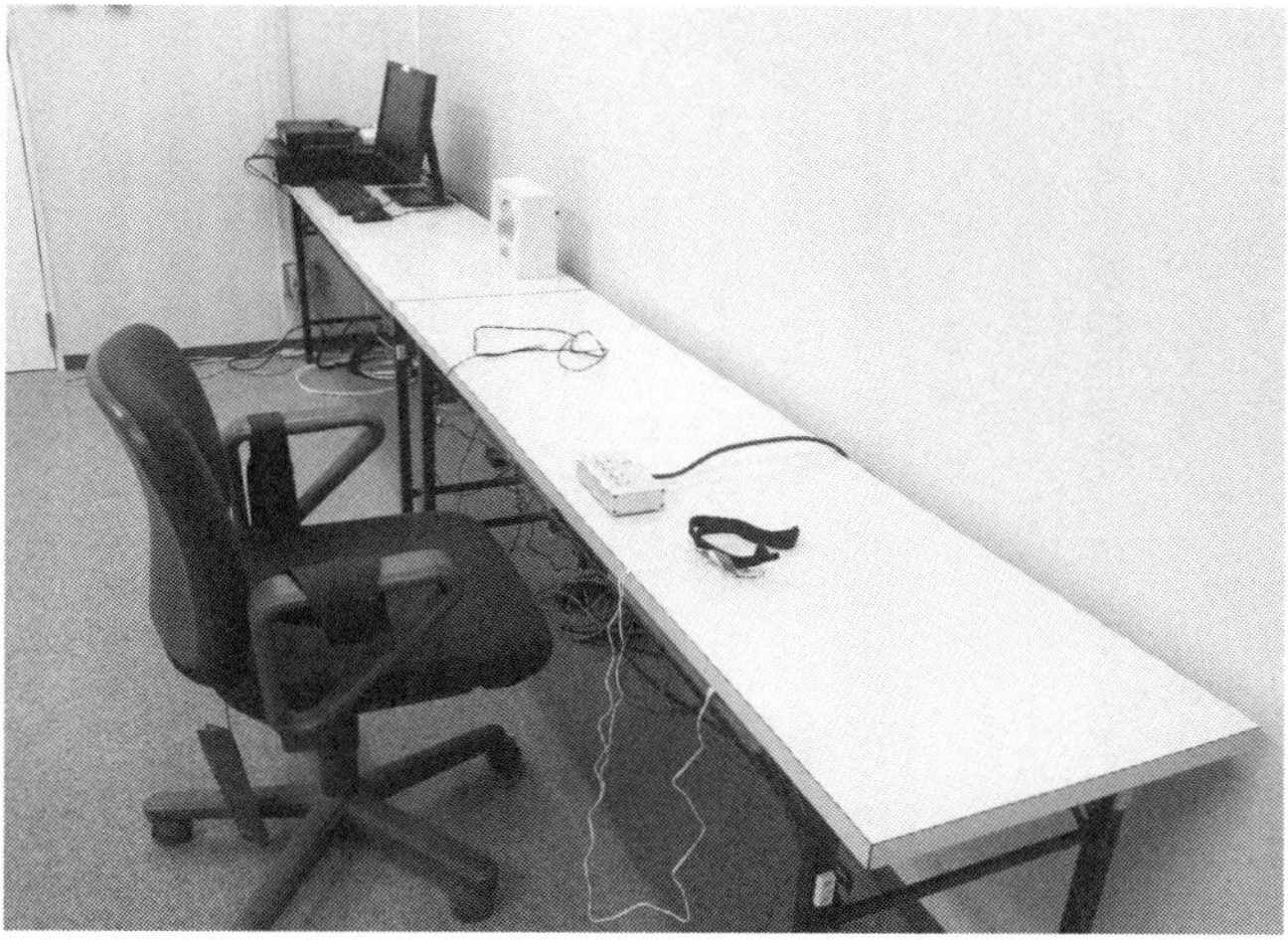

図１―２　生徒役用の部屋

に言った。

実験課題はある言葉と別の言葉のペアを覚えることです。たとえば「山」と「川」が対になっていた場合、教師役の人が「山」と言ったら「川」と回答するといった具合です。全部で25の言葉のペアがあります。教師役の人がペアになった言葉のリストを読み上げます。そしてそれを2回繰り返しますので、まずそれを記憶してください。

そしてテスト（本番）の段階で、教師役の人が「山」と言った後、「川」「海」「空」「大地」と4つの単語を言います。「川」が1番目、「海」が2番目、「空」が3番目、「大地」が4番目の単語です。最初に読み上げた「山」

がリストにあった場合、正解は「川」ですから１番のスイッチを押してもらいます。どのスイッチが押されたかは、隣の教師役の部屋でわかるようになっています。また生徒役の人が間違うたびに電気ショックのレベルを15ボルトずつ上げていきます。まず、最初に練習課題をした後で本番に移ります。よろしいですか。

その後、実験者は被験者の目の前で生徒役の腕を椅子にベルトで固定した。「固定したのはショックを受けている間によけいな動きをするのを防ぐためです。電極は隣の部屋のショック送電機とつながっています」と発言した。

生徒役はシナリオに従って「ショックは痛いですか」と聞いた。それに対して実験者は「ショックは非常に痛いかもしれませんが、皮膚組織に損傷が残ることはありません」と答えた。それから生徒役は「実は2～3年前、人間ドックで検診を受けた結果、心臓に少し問題があると言われました。もちろん、そんなに深刻なものではありません。でも強い電気ショックを受ければどうなるでしょうか。どのくらい強いですか。どのくらい、危険でしょうか」と尋ねた。それに対して実験者は「電気ショックは結構、痛いかもしれませんが、危険なものではありません」と答えた。

その後、被験者は実験者に連れられて、元の教師役の実験室に戻った。

被験者が着席した後、実験者は「生徒役が間違うたびに電気ショックのレベルを上げていた

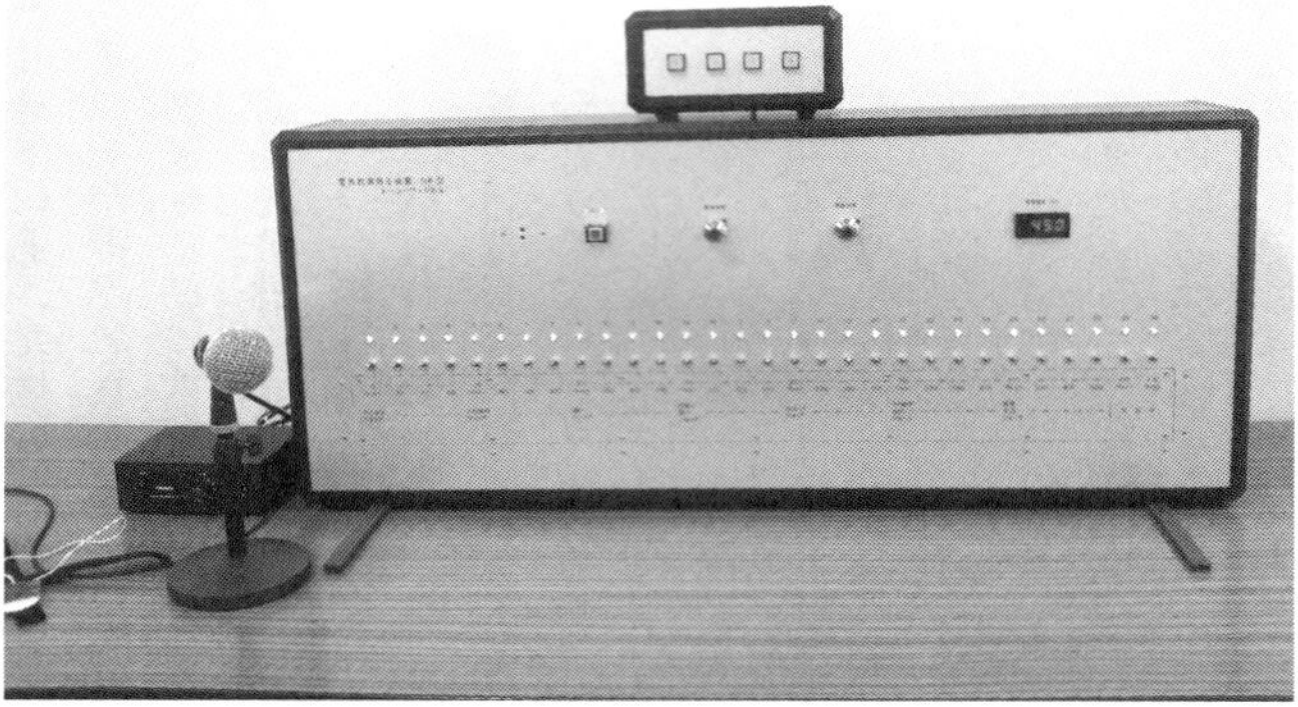

図1―3　電撃発生装置

だきます。まず電気ショックがどのようなものか味わってもらいます。今からかすかなショックを与えますので目をつむって、何ボルトか当ててください」と言って、了解を得た後に、電気ショックの電極を被験者に装着した。そして45ボルトのショックを与えた。実験者は被験者に何ボルトだと思ったかを尋ねたあと、45ボルトであったことを告げた。

4・実験のシナリオ

その後、練習試行を行った。実験者は被験者に「まず練習をしてみます。これから対になっている言葉を読み上げますから覚えてください」と生徒役に伝えるように要請し、言葉のリストを教師役に渡し、2回読み上げさせた。

実験者は「もし生徒役が間違えば、「間違い」と言った後、生徒役に与える電気ショックのボルト数を告げてください。そして電気ショックを与えた後、正解を1回だけ言ってください。それから次の課題番号のところに移ってください。生徒役が間違うたびにショックのレベルを一つずつ上げてください。一つずつ上げていくことが大事です」と言った。

それから実験者は「このマイクの音は隣の部屋には聞こえますが、隣の部屋にはマイクはありませんので、マイクを通して生徒役がこちらに何か伝えることはできません」と言った。

実験者は被験者の1・2メートル後方、40センチ右横の机に座った。生徒役の部屋のスピーカーはケーブルを通した穴の近くに置いた。そして壁の向こうから生徒役のこもった声が聞こえるようにした。

それから実験者は被験者にリストを渡し、それを読み上げるように指示した。さらに「どれが正しいか、番号で答えなさい」と生徒役に言うように要請した。生徒役の解答はあらかじめ決められた以下のシナリオに従って被験者の前の装置に表示された。

第1問は正解のライトが点灯し、被験者は生徒役に「正解」と伝えた。

第2問は誤答となり、被験者は「間違い」と言って、正解と電気ショックのボルト数（15ボルト）を生徒役に告げた後、スイッチを入れて電気ショックを送った。

第3問は正解となり被験者は生徒役に「正解」と言った。

第4問は誤答なので教師役は「間違い」と言って、正解と電気ショックのボルト数（30ボルト）を生徒役に告げた後、スイッチを入れて電気ショックを与えた。

練習試行終了後、実験者は本番に移ることを被験者に告げた。本番では被験者はリストを順に読み、生徒役が間違った場合、その都度、電撃レベルを上げていくことになった。

生徒役は次のスケジュールで解答した。

①不正解（15ボルト）
②正解（電撃無）
③不正解（30ボルト）
④不正解（45ボルト）
⑤正解（電撃無）
⑥不正解（60ボルト）
⑦正解（電撃無）
⑧不正解（75ボルト）
⑨正解（電撃無）
⑩不正解（90ボルト）
⑪不正解（105ボルト）
⑫正解（電撃無）
⑬不正解（120ボルト）

⑭不正解（135ボルト）
⑮正解（電撃無）
⑯不正解（150ボルト）

電撃が来るたびに生徒役は次のような発言をした。発言はパソコンにあらかじめ入力してあり、生徒役の操作で特定の発言が流れるようにした。発言は演劇部の学生の綿密な指導の下に作成した。


60ボルト（いっ！）

75ボルト（うっ、ちょっと痛い！）

90ボルト（うっ、結構痛い！）

105ボルト（うっ、もうどうしようもない！）

120ボルト（うー、ショックに耐えられなくなってきた！　これは本当に痛いよ！）

135ボルト（あー、もう駄目だ、もう本当にどうしようもなくなってきた！）

150ボルト（うわー、先生、もう耐えられない。ここから出してくれ。私は心臓が悪いと言ったでしょう。心臓がドキドキしてきた。もうこれ以上実験はやりたくない。もういやだ。お願いだから出してくれ！）

5・抗議や疑問に対する実験者の対応

被験者の抗議や疑問に対して実験を続けさせるために実験者は次のような勧告を行った。勧告1で駄目な場合は2を用いた。勧告4まで出しても被験者が実験に従わなかった場合は実験を打ち切った。実験者の声の調子はきわめて事務的で、断言口調であった。

1　お続けください。
2　実験のために、続けることが必要です。
3　あなたが続けることが絶対必要です。
4　迷うことはありません。続けてください。

被験者の疑義に対して、実験者は次のような回答をした。

生徒役の体に傷跡が残ることはないかと被験者が尋ねた場合、

「ショックは痛いかもしれませんが、皮膚組織に損傷が残ることはありません。ですからどうぞ続けてください」

被験者が「生徒役が止めたがっている」と言った場合、

「生徒役がどう思っても、単語の対を全部正しく学習するまでは、続けなければなりません」

被験者が「責任は誰が取るか」と尋ねた場合、「私が取ります。われわれは機械のことをよく知っています」そして教師役が150ボルトを超えて、リストを読みはじめた時点で実験を終了した。以上の被験者に対する教示は、基本的にはミルグラムの実験に準拠している。

6・実験後の説明

実験終了直後（150ボルトのショックを与えることを拒否あるいは受け入れた直後）、実験者が手短に被験者の心情を尋ねた。その後、生徒役のサクラが被験者の前に現れ挨拶した。そして実験者は、生徒役に電撃は与えられていないこと、その発言は録音されたものであったことを被験者に伝えた。そして、実験者は被験者に以下のような詳しい実験内容の説明を行った。

①服従実験の歴史や意義、社会心理学の方法や倫理的問題についての詳細な説明。

②服従しなかった被験者にはその決断を支持する方向で次のような説明を行った。「あなたは途中で実験者の要請を断ったが、それはあなたが権威者の命令が理不尽であると思えば毅然《きぜん》として拒否する、そのような人であることを示しているのではないかと思われる」

③服従した被験者には、その行動は正常で普通であり、その葛藤と緊張感は他の被験者も同じであるとの説明をした。「あなたは150ボルトまで実験者の要請に従ったが、それは特別

なことではなく、最近アメリカで行われた実験の結果でも7割の人が150ボルトを超えて従っている。気にする必要は全くなく、普通のことである」

④実験について意見や疑問があればいつでも電話やメールで尋ねるように要請し、電話番号とメールアドレスが記載された用紙を渡した。それから3ヵ月後と1年後に様子を聞くために連絡することも伝えた。

⑤被験者に実験中にどのようなことを考えていたのかを詳しく尋ねた。

最後に、被験者は質問紙に回答した。質問紙は、全体を100%とした場合の実験者、被験者、生徒役に対する責任の主観的配分や緊張感などの項目で構成されていた。

4 日本での服従実験の結果は？

1・服従率

被験者は男性8人（平均年齢44歳）、女性7人（平均年齢45歳）であった。最年少は24歳男性、最年長は70歳男性であった。職業は自営業、会社員、無職、契約社員、パート、学生と様々であった。被験者15人中、1人は臨床心理士によるスクリーニングの結果、不参加となった。実験に参加した14人中、150ボルト地点で実験からの離脱を申し入れた被験者は1人であった。

表1―4　服従停止地点の人数と服従率

服従停止地点	本実験（2013）	バーガー実験（2009）
150ボルト以下	1人（ 7.1%）	12人（30.0%）
150ボルト超	13人（92.9%）	28人（70.0%）

服従停止地点	小森実験（1982）	ミルグラム実験5（基本条件）（1974）
150ボルト以下	5人（12.5%）	7人（17.5%）
150ボルト超	35人（87.5%）	33人（82.5%）
最後（450ボルト）まで停止なし	27人（67.5%）	26人（65.0%）

他の13人は最後まで実験者の要請に従ったことになる。

表1―4はアメリカで行われた代表的実験（バーガー実験とミルグラム実験5。ミルグラムは様々な条件を設定して実験を何回か行っている。たとえば、教師役が生徒役の手を電極板に乗せなければならない接触条件や他の教師役の仲間が反逆する反逆条件など様々なバリエーションがある。その中で実験5はミルグラムが「基本条件」と称しているものである。実験5の手続きは450ボルトを上限としているが、他は本実験の手続きと基本的に同一である）の結果とわが国で行われた実験の結果を示したものである。この表からわかるようにわが国の服従率のほうがアメリカの服従率より若干高めのように見えるが、統計的有意差はなく、服従傾向は文化や国を超えて一貫していることがわかった。本実験は被験者の数が少ないために断定的なことはいえないが、この類の実験を実施した場合は、どの時代でも、どの文化圏でも同じような結果となることが考えられる。服従は家庭でも、職場でも日常生活の中に存在

する。子は親に、部下は上司に、生徒は教師に、患者や看護師は医者の指示に従うのが普通である。社会の秩序が保たれているのは役割構造が保たれているからであり、服従はその構造を支える重要な要素になっているとも考えられる。

なおこの表には１９８２年に発表された小森による実験結果も記載されている。小森の実験の被験者は男子大学生40人であった。結果は、１５０ボルト超の服従率は87・5％であり、４５０ボルトまでの服従率は67・5％であった。実験から離脱した人数は１２０ボルトで２人、１５０ボルト３人、それから１６５ボルト、１８０ボルト、１９５ボルト、２１０ボルト、２４０ボルト、２７０ボルト、２８５ボルト、３３０ボルトでそれぞれ１人ずつであった。３３０ボルトを超えると実験から離脱する確率はゼロになり、３分の2が最後まで離脱しなかったことが示されている。これは服従レベルがある水準を超えてしまうと、そこから離脱することが困難になることを示唆している。小森の実験は４５０ボルト上限まで設定したフルバージョンの実験であり、服従は水準が上がるほど強固なものになってしまうことを示した貴重なものといえよう。

２・責任の配分

次に実験終了後の質問による、実験者、教師役、生徒役間の主観的責任配分について分析した。主観的責任配分とは「服従の責任が誰のせいだと考えているか」ということである。表１

表1―5　服従した被験者の主観的責任配分

	被験者人数	実験者	教師役	生徒役
本実験	13人	33.9%	36.2%	30.0%
ミルグラム実験	57人	38.4%	36.3%	25.3%

―5は本実験の結果とミルグラム実験の結果を示したものである。

本実験は150ボルトの地点で終了したのであるが、本実験の結果とミルグラムの実験結果はほぼ等しく、責任は実験者と教師役と生徒役の3者に同等にあると認識されていたといえる。ちなみに本実験で150ボルト地点で離脱した被験者の責任配分は実験者に20%、教師80%、生徒0%であった。生徒の苦しみの責任が主に自分にあると考えた場合は非服従になることを示唆している。

さらに、「最大限どの程度のショックであれば受け入れることができるか」という質問に対する被験者の回答は次の通りであった。ミルグラム実験の平均値は213・1ボルト、小森実験のデータの平均値は145・9ボルト、そして本実験のデータの平均値は98・5ボルトであった。この3つのデータには統計的有意差があり、日本人のほうがショックに対する主観的受容性が低い傾向があることがわかった。また、小森実験と本実験は、最大ショック投与レベルが異なるのであるが、この2つの実験結果から、ショックレベルの違いが主観的受容性に影響することも示唆された。

3・非服従者の実験中・実験後の発言

次に被験者の葛藤がどのようなものであったのかは、被験者の実験中や実験後の発言からうかがい知ることができる。先述したように本実験で150ボルトの地点で離脱した被験者は1人であった（男性、60代）。その被験者の150ボルト離脱時の実験者とのやりとりは以下の通りであった。

被験者：間違いです。150送ります。（サクラの叫び声の後、長い沈黙。被験者が実験者を見つめる）続けるんですか。
実験者：続けてください。
被験者：いや、ちょっとその。（長い沈黙）いや、もう〝無理〟や言うて。
実験者：あなたが続けることが絶対必要です。（長い沈黙）
実験者：迷うことはありませんので。
被験者：〝迷う〟言うたって。これは、じゃ、もし何かあったらどうするんですか。
実験者：責任は私が取ります。
被験者：いやそんな問題と違うでしょう。
実験者：いったん、休憩をとります。いかがですか。
被験者：いやいやこれでは。（10秒以上の長い沈黙）こんなんやったら××ちゃう？（××は聞き取れず。以下同）
実験者：わかりました。

被験者：はい、続けるつもりはないですね。

そして実験終了後のやりとりは次のような内容であった。

実験者：いかがですか、今の時点での感想は。
被験者：（返事なし）
実験者：今回なぜ、この実験に参加されようと思いましたか。たとえば好奇心であったりとか。
被験者：んー。いや仕事やめてから、何かこう、依頼があって。こういうの初めてなんですけど。いやまあ、好奇心というか、一番強いかもしれませんね。
実験者：実験の説明を受けたときはどのように感じていましたか。
被験者：まあ、電気ショックと言うてはったんでね。や、なんか、受ける人が心臓悪いて言うのがちょっと気になったんでね。あの方と交代するほうがいいのかなとちょっと思いながら聞いてました。結局は交代せんと、こういうことになりましたんでね。
実験者：実際に課題を始めたときはどのように感じていましたか。
被験者：あのね、自分で××やけど、だんだん強くなってゆくんでね、何とか答えてくれんかなと思うてましたけど。またそこで答えがわかるような読み方をしたらどうかなとかね。それもまずいかなと。実験やからと思いましたけど。

実験者：今回１５０ボルトまで行きましたが、途中で止めようとは思いませんでしたか。
被験者：１３５ボルトでうめき声が聞こえていましたけど、１５０ボルトだったら言葉が出てね。もうやめてくれと言うような、もうやっぱりきついやなと思いましたから。これ以上やったら問題が起こるんやね。どうするんねと思いましたから。
実験者：問題が起こるとは隣の部屋の被験者に？
被験者：もっと状況が悪くなったらね。こちらの責任もあることだと思いますので。
実験者：実験に参加したことをよかったと思いますか。後悔する部分もありますでしょうか。
被験者：どうでしょうね。受ける側は、気を失ったでしょう。あれを受ける側に行ったとしたら。教師側にならないとこれ実験にならないですか？
実験者：くじは実は仕掛けがしてあります。
被験者：あっあっ（のけぞって笑う。長く笑う）。後でわかったんやけど、やー、どうなるんやろうね。心理的に、あんまり、いい気持ちではないな。それは確かに思いますね。終わってほっとしたというのが大きいですね。
実験者：最大限どれくらいのボルト数まで耐えられると思いますか。
被験者：それはわからへんですね。45ボルトやってるから１００ボルトまでくらいなら行けるかと思うてましたよ。だけど、このへんから（パネルを指さして）どないすんのかなと思うたら。

（サクラが出てきて挨拶する）
被験者：（笑う）
実験者：電気ショックは送られておりません。
被験者：はい、はい（笑う）。

このような非服従がなぜ生じるのか。これについては現在も明確な答えは得られていないが、ミルグラムは被験者の心情について、次のような指摘をしている。

①生徒役のうめき声が被験者の感情を強く揺り動かす。
②罪なき人に苦痛を与えることが、道徳的・社会的価値に反すると考える。
③生徒役から実験終了後に告訴されたり、復讐《ふくしゅう》されたりする可能性があると考える。
④他人を平気で痛めつける冷酷非情な行為は被験者の自己像と相容《あいい》れない。

このような認識を持つ程度が服従者と非服従者で異なるのであろう。認識に差が生じる要因としてパーソナリティの違いが考えられる。しかし、パーソナリティの個人差が服従と非服従を規定するという明確な結果は得られていない。服従実験の強い状況の力は通常のパーソナリティテストで検出される些細《ささい》な差を圧倒してしまうのであろう。

ただし、規範や役割や価値（民主主義や人権）に対する思い入れの強さ（指向性）は服従行動に影響するとの指摘もある。(26) たとえば規範指向性が強い人（ルールに従い、当局の要求を尊重することが自分の仕事であると考える）や役割指向性の強い人（政府を積極的に支持し、忠実に従う）は個人の責任を否定し、権威からの命令に服従する傾向が強いと考えられる。一方、価値指向性が強い人（国の政策を策定し、それを評価し、そして疑義を申し立てることを義務と見なす）は、個人の責任を主張し、自身の原則に反する命令には従わない傾向があるということである。先述した本実験の非服従者もその発言内容から、価値指向性の強さがうかがわれる。

ただし、このような指向性が個人内で一貫しているとはいえないという指摘もある。すなわち、価値指向的な人は、どのような状況でも価値指向的であるとは限らないのである。それを説明する道徳バランスモデルがある。(27) このモデルでは、人々が倫理的行動を決断するさいに、過去の行動とこれから行う行動の倫理量のバランスを取る傾向があると見なす。人々は一定の時間範囲で絶えず倫理量の計算をしていて、過去の自分の善行の量が多いと思った場合、悪行の実行に対する閾値《いきち》が低くなる。

このことを実証した、アメリカにおける次のような実験がある。(28) 白人被験者に人事採用者の役割を与え、そこできわめて優秀な黒人の応募者を採用する経験をさせた。それにより被験者は自分が人種差別主義者ではないことを実感することになった。一方、別のグループの被験者は全員白人の応募者から選ぶだけであった。そうすると、前者のほうが後者より、白人警察官の黒人に対する人種差別的な対応を妥当だと判断する傾向が強くなった。自分は人種差別主義者ではないという倫理性の証明（錦の御旗《みはた》）を手に入れたとたんに、非倫理的行動に対する閾値が低くなってしまったのである。

過去の努力や善行により自分の倫理性を確信した人は、道徳性のバランスを取るべく悪行に手を染める傾向が強くなるとも考えられる。道徳的判断や行動は、当人の過去経験や他者との比較によって絶えず揺れ動いている不安定なものであるのかもしれない。

４・服従者の実験中・実験後の発言

服従した被験者は、自分の感情や責任感、生徒役や実験者に対する思いなどについて左記のように述べている。

①実験に参加することへの興味・好奇心・報酬

「まず最初にですね、あのー、やったことのないことに対する好奇心ですね、それが第一と、それとやはりそれに付随する報酬、それが第２の魅力として応募させていただきました（男性、40代、派遣社員）」

「心理学の実験という、実験台になるっていうこと自体が、あの、今までなかったんで、なんかそういう部分、ちょっと興味が、うん、メールを見て、ちょっと書きました（女性、30代、アルバイト）」

②生徒役に被害が及んだ場合の(a)自分の責任、(b)実験者の責任に関するもの

(a)の例「うーん、やっぱり、隣の部屋からちょっとうめき声のような、何か、うっ、というような声が聞こえてくるんで、もう、そのたびに、何か大丈夫かなと思って、すごい、えっ、これで死んだら、私ってどうなるのかなと思って不安になりました（女性、30代、パート）」

(b)の例「でもこの方（実験者）が何も微動だにしていなかったので、一応根拠があってこの実験があるから、ほんと、大丈夫なんだろうという。ここは大学だから、実験するのには一応施設があって誰かが一度試して、こういう、他の害がもしあったらまずいんじゃないんだろうという、憶測からで（女性、20代、会社員）」

③大学や科学的研究や実験者への貢献意思と敬意

「そうですね、実験者の白衣を着た方がまあ、あの、電気自体は大丈夫なものだというように説明されていたんで、それを信用するしかないのかなと思いました（男性、20代、会社員）」

「アンケートというか、実験ってなってたんで、そういう、研究というか、そういう材料に使われるんであれば、それも何かこう役に立てるんであったら、生かしていただこうかなと思いました（女性、30代、会社員）」

④仕事を遂行することへのつらさや困難さ
「うーん、えー、何か壁越しに、電気ショックを与えるごとに相手の人のうめき声などが聞こえてきて、えー、可哀想《かわいそう》で、やるせない気持ちになりましたけど、やはり仕事ということでやらなければいけないと思って、仕方なく続けていたというような実感ですね（男性、40代、契約社員）」

⑤生徒役に対する心配・同情・思いやり
「相手の方が可哀想だなという、ええ、そこまでしなくてもいいのにという気持ちがありました（女性、50代、パート）」

⑥生徒役に対する(a)ネガティブな見方、(b)被害の軽視、(c)苦痛を与えることの快楽
(a)の発言例「意外とこう、（生徒役が）答えられないかな、できないかなと思います。もう少しできるのかなと（男性、20代、会社員）」
(b)の発言例「あの、正直、生徒役の方がちょっとオーバー気味におっしゃっているのかなという感覚もちょっと感じて、で、その実験者の方が、あの、大丈夫です、大丈夫ですとかたくなに言ってはったんで、あっ、大丈夫なのかなと思って、はい（女性、30代、パート）」

(c)の発言例「で、良心の呵責というのはさっき言った通りで、もうほとんどないかもしれない。むしろ楽しんで（笑い）。けっこう、どっちかと言うと、本当になっていたとしても、好きなほうかもしれません、こういうふうなのは。もしかしたら苦痛を与えるのが好きかもしれません（女性、30代、自営業）」

⑦恐怖や緊張

「読み上げるときもあったんですけどボルトを上げられてボタンを押すという、ものすごく、ちょっと、躊躇《ちゅうちょ》し出して、怖いという、ちょっと恐怖心に駆られたところはありました（女性、40代、会社員）」

⑧仕事を遂行することの責任

「今こうやって痛がっているけど、それも研究データとして必要なのかな。とりあえず、私は雇われの身だし、言われるままにしました（女性、20代、会社員）」

5・結論

本実験の被験者数は14人であり、断定的なことはいえないが、次のことを示唆している。

①本実験と小森実験の結果をバーガー実験とミルグラム実験５と比較した結果、若干日本のデータのほうが服従率は高い傾向が見られるが、統計的な差はなかった。服従率は国を問わず一定の値になることが示唆された。

②150ボルト以下の小森の実験結果と本実験の結果に統計的差は見出《みいだ》されなかった。この結果は日本における1982年当時の服従率と30年後のそれとはほとんど差がないことを示唆している。また一般人と学生との服従率に差がないことも示している。服従率は時代や年齢、地位に関係なく一貫していることが確認された。

③150ボルトの電撃を与えた人の中で上限の450ボルトまで電撃を与え続けた人の割合は、小森のデータでは35人中27人の77%であり、ミルグラム実験５では33人中26人の79%であった。これに関しても日米でほとんど変わらず、150ボルトを通過すれば８割近くの人が止めないことがわかった。

④服従の責任の配分については、本実験もミルグラム実験もほとんど同じであった。すなわち、被験者は実験者、教師役、生徒役にそれぞれ約３割の責任があると見なしていた。生徒役にも３割近い責任があると考えるのは理不尽であると思われるが、これは社会心理学者ラーナーが提唱する「**公正世界信念**」によるバイアスである可能性がある。公正世界信念とは、善人は報われ悪人は罰せられるという信念であり、公正世界信念の強い人は、その信念を維持するために「被害者が悪いから被害に遭った」と考える。被害者に責任を負わせるのである。

⑤実験中と実験終了後の事後説明時の被験者の発言について分析した結果、被験者は実験者の要求と苦しむ生徒役の板挟みになり強い葛藤を覚えたことがわかった。特に途中離脱者の葛藤は大きいものであった。ただし、責任はもっぱら実験者にあると思ったり、科学的研究という大義のために行っていると考えたりして葛藤の軽減を図っていることもうかがえた。場合によっては生徒役の苦痛を軽視したり生徒役をネガティブに見たりするということもあった。中には罰することを楽しんだといった発言をする被験者もいた。ただし、これは実験終了後のリラックスした雰囲気の中での誇張された発言だった可能性もある。

第2章　服従の理由は？　第三者の感想は？　実験の問題点は？

人はなぜ残虐行為を強いる集団に参加し、そしてその中でそれを実行し、また容易に離脱できないのであろうか。次のような要因が考えられる(1)。

1　なぜ参加しようと思ったのか

まず、そもそもなぜ被験者はこの実験に参加しようと思ったのであろうか。それは正当化・合理化の理屈（たとえば、罰を与えることによって記憶力を高める、国家の安全のためなど）が与えられることが考えられる。

本実験を含めたミルグラムタイプの実験は、被験者に対して実験の目的は「罰が記憶力増進に与える効果に関する科学的研究」のために行うものとして説明している。すなわち本来の目的と異なる、もっともらしい嘘《うそ》の大義名分を被験者に提示するのである。これに関連する歴史上の出来事として、ナチスによるホロコーストが挙げられよう。ナチス・ドイツ下のユダヤ人は、人種的に純粋であるとされる「アーリア人」と呼ばれるドイツ人だけの民族国家を建設するという誤ったイデオロギー（理屈）により抹殺されたのである。悪行の大義名分を人々に吹き込み、正義の力の行使として偽装することが今も昔も行われている（特に戦時中には）。本実験の場合には「大学や科学的研究や実験者への貢献意思」に関する被験者の発言があったが、これも目的偽装の効果を示している。

2　服従を促進する要因は何か

次に実験を続けてしまうのはなぜだろうか。以下の要因が考えられる。

①権威の側が与える一方的・恣意的ルールの存在（反応の間違いを電気ショックで正すというふれこみ）

権威者の定めたルールが、最初は理にかなっていても、状況の変化でそのルールに従うことが人倫に反することになる場合がある。それでもルールを墨守することが優先されてしまう。

被験者に与えられた本実験のルールは生徒役の誤解答に罰を与えることであった。それは学習効果を上げるために行うものであった。ショックレベルが低く生徒役が冷静に学習に臨むことができる場合は、ルールは是認できるものであったかもしれない。しかし途中から状況が変わり、ショックを与えることが生徒役を傷つけたり死に至らしめかねなかったりするものになってしまった。それにもかかわらず実験者はルールに従って実験を続けることを要求し、多くの被験者がそれに服従してしまったのである。ルールは状況が変われば変更される必要があるが、なかなかそのようにならない傾向がある。すなわちルールが一人歩きするようになるのである。コロナ禍でのマスクの着用も当初は意味があったが、流行が落ち着いた後でもマスクをしている人の割合は結構高い。ルールが一部の人の間では内在化されているのかもしれない。

ルーチンスの水瓶問題（表2—1）[2]というものがある。a、b、cという枡《ます》を使って、dの量だけを汲《く》み上げるのが課題である。たとえば問題1ではb－a－2cが正解である。この方法で問題7まですべて解ける。しかし、問題6はa－cでも正解であり、問題7はa＋cでも正解である。すなわち上から順に解答していった場合、途中からより効率的な解決方法があるとわかる。しかし時間的プレッシャーがかかっていたりすると、それに気

表2—1　ルーチンスの水瓶問題

問題	与えられた枡			汲むべき量	回答
	a	b	c	d	e
1	21	127	3	100	
2	14	163	25	99	
3	18	43	10	5	
4	9	42	6	21	
5	20	59	4	31	
6	23	49	3	20	
7	15	39	3	18	
8	28	76	3	25	
9	18	48	4	22	

出典 Luchins (1942)

づきにくくなる。すなわちいったんルールが設定されると惰性で続ける傾向が見られる。被験者の証言の中にも、「生徒役は可哀想だと思ったが、実験をやり遂げなくてはいけないと思った」というものがある。

②役割の付与（教師、生徒、自由の戦士、殉教者――社会的に望ましいと思われる役割）

人にはそれぞれ立場があり、それに伴って他者から期待される役割がある。一般的には人はいくつかの固定した役割を果たしている。哲学者サルトルは、人は人生という、シナリオがない即興劇の中で、ある役を演じなければならず、自由であるがために大変苦しいものであると述べている。(3) 普通このような役割は人が集団の中で相互作用を続けるうちに次第にはっきりしてくるものであるが、本実験では被験者は教師としての役割を突然与えられた。人はある役割を与えられることで、過去経験から学んだ価値観や行動様式を意識の中に持ち込むのである。教師の重要な役割は児童生徒に学習させることである。被験者はそのイメージに沿うような形で行動したものと考えられる。

役割には反社会的なものもある。たとえばヤクザやテロリストである。しかし、彼らは自分や仲間のことを俠客《きょうかく》や自由の戦士、殉教者と呼ぶ。そのような役割ラベリングをすることによって、暴力や残虐行為を自分たちの中で正当化するのである。教師や親の体罰を含む行きすぎた躾《しつけ》も自分における役割認識（親や教師としての役割認識）により正当化されている可能性がある。

このような役割の効果を見事に示した監獄実験と呼ばれるものがある。(4)この実験は普通の人が特定の肩書きや地位を与えられると、その役割に合わせて行動してしまうことを明らかにした。実験期間は2週間の予定だった。新聞広告などで集めた普通の大学生被験者21人のうち、11人を看守役に、10人を囚人役にグループ分けした。そしてそれぞれの役割を演じさせた。囚人役をよりリアルに演じてもらうため、パトカーを用いて逮捕し、指紋採取をし、看守たちの前で脱衣させ、シラミ駆除剤を散布するなどした。監獄は大学地下実験室を改造して作った実際の刑務所に近いものであった。その結果、看守役の被験者はより看守らしく、囚人役の被験者はより囚人らしい行動をとるようになった。

次第に、看守役は囚人役に罰則を与えはじめた。反抗した囚人役の主犯格は、独房に見立てた倉庫へ監禁し、その囚人役のグループにはバケツへ排便するように強制した。看守役は、囚人役にさらに屈辱感を与えるため、素手でのトイレ掃除や靴磨きをさせたりした。耐えかねた囚人役の1人は実験の中止を求めた。実験は6日間で中止された。役割の暴走が発生したのである。

本実験でも生徒役に対するネガティブな見方、被害の軽視、苦痛を与えることの快楽に関する発言が見られた。役割の暴走が始まっていた可能性もある。監獄実験は、その実験の手続きや結果の信憑性に関しては多くの疑義が呈されているが、与えられた役割が人々の行動を支配することを劇的に示した研究であったとはいえるであろう。

役割はこのようなネガティブな側面だけではない。日頃の指導者としての役割行動が航空機事故という緊急事態において顕在化し、それが大勢の乗客の冷静な避難行動を促進した事例もある。これについては第7章で詳述する。職場などでいったんリーダーとしての役割が身につけば、場面が異なる緊急事態でもそれが持続することが示唆された。このように役割の付与は行動に大きく影響することが考えられる。

③最初の出発点の行動は些細だが攻撃のレベルが徐々に上がる（15ボルトから始まる）

権威の命令の内容が正当なものから不当なもの、合理的なものから非合理なものに徐々に変質するため、人道に反するような行為をするにもかかわらず最初の悪行レベルが低い場合、あまり抵抗感がないこともありうる。服従実験の場合は15ボルトから開始された。そして段階が徐々に上がり、その段階の違いはわずかで弁別しにくい。いったん権威者の要請を受け入れてしまうと、それが次の段階のベースとなり、より強い要請も受け入れてしまうのである。もし最初から150ボルトのショックを与えなければならないのであれば、服従する人は少なくなったことが予想される。

「毎日新聞」（2023年9月15日朝刊）に「ケニアのカルト、餓死強要、誘い文句は「キリストに会える」、見つかった400遺体。社会と隔絶、過激化一途、新生児生き埋め、脱走者殺害」という記事があった。ある信者の証言は次のような内容だった。

２０１６年に孫の病気の快癒を願って教団に通うようになったことがきっかけだった。孫の症状は改善し、教祖の教えに傾倒した。説教で病院に行くなと言われると飲んでいた高血圧の薬をやめた。近所の友人も勧誘した。２０１９年教祖が別の地に土地を購入し移住すると、その信者も後を追った。入植者は４００世帯に膨らみ自給自足に近い生活をしていた。当初入植者は比較的自由に外部と行き来ができたという。

ところが、教祖はあるとき、「外に出たら奴隷になる」と交流を禁じた。警察や軍隊での勤務経験を持つ男性信者らが武装自警団を組織し、信者が森から逃げないように目を光らせた。脱走者を見つけて暴行、殺害することもあり、まるで巨大な監獄のようだった。

そして２０２３年1月に出した究極の命令が「祈りのために自らを犠牲にせよ」だった。「世界の終末は近い。餓死すればキリストに会える」と説き、同1～6月に子ども、女性、男性の順に全員が断食して餓死する計画を立てた。ただ、個人の意志だけで死ぬまで断食するのは不可能に近い。特に子どもに対しては、親が水や食事を与えない「虐待」が始まった。大人たちは各集落内で数人のグループを作り、断食を破っていないか互いを監視し合った。一つのグループ内で死にきれない人が出ると、死亡した他のメンバーとともに生き埋めにされた。

このような新興宗教教団の事件はわが国ではオウム真理教事件があり、また南米ガイアナでアメリカから移住してきて９００人以上が服毒自殺した「人民寺院」事件がある。オウム真理教は最初はヨガサークルの体裁で始まっており、人民寺院も心霊治療を標榜《ひょうぼう》していたということである。いずれも病気や悩みの相談所のような形で始まった。これが入り口となり少しずつ過激化していったのである。

④行動の意味の転換（被害者を傷つける→罰することによって学習を助ける）

強い罰を生徒役に与えれば生徒を傷つけることになるが、教師役はそのように考えず、学習が促進され究極的には生徒のためになると思うのである。すなわち罰による一時的な苦しみは長期的なメリットにつながると考える。

努力の正当化という現象がある。この現象の存在を証明する実験が行われた[5]。実験手続きとして、最初に「性の心理学」というテーマで議論を行うと称して、女性被験者に、「fuck」「cock」という言葉や、ポルノ小説の生々しい文章を男性の実験者の前で大声で読み上げさせることが行われた。被験者には「恥ずかしがって議論に参加しない人を選別するため」であると説明した。そしてこのような選別試験を実施する集団としない集団が構成された。その後、被験者は動物の性行動に関するつまらない議論を聞かされることになった。

実験の結果、選別試験で恥ずかしい思いをして実験に参加した被験者は選別試験を体験しなかった被験者よりも、このつまらない議論を高く評価したのであった。要するに努力して何かを成し遂げると、その対象の魅力が高まるということである。本実験では努力をして電撃を与えたことによる恐怖や憐憫《れんびん》が生徒役の成長につながるという思いに転換されてしまったとも考えられる。

⑤責任の分散（自分の責任ではない）

ミルグラムは服従行動の原因の一つとして、被験者が「代理状態（agentic state）」に陥ることを挙げている。これは被験者が権威者（実験者）に責任を預け、言われるがままの手先として行動しているという感覚である。ゆえに責任を問われるのは権威者であり、自分は自由意志を持たないロボットになったような認識を持つことになる。会社組織でも軍隊でもヒエラルキー構造があるような組織では、成員は多かれ少なかれこのような心理状態になることはありうる。

本実験の場合も「実験者が微動だにしていなかったので、一応根拠があってこの実験があるから、大丈夫なんだろう」とか「とりあえず、私は雇われの身だし、言われるままにした」といった被験者の述懐は代理状態・責任分散の心理を表しているであろう。

3　なぜ離脱できないのか

次に、服従実験の状況からなぜ離脱できなかったのか、その要因について検討しよう。

①契約（謝礼、給与）

本実験では実験を実施する前に、謝礼として5000円が支払われ、実験参加の契約がなされた。金銭を含む契約があれば、途中で与えられた仕事を放棄するのは非常に難しい。現実の組織でも加入のさいには何らかの契約がなされ、それに従って給与が支払われる。軍隊の召集令状もその一種かもしれない。契約があれば望まない仕事や配置転換、異動の指令にも服従せざるをえないこともあろう。場合によっては反社会的・非人間的行為を強要される可能性もある。軍隊の残虐行為や企業の不祥事は、成員が契約に縛られ、社会正義を見失うことが、その背景にあるのかもしれない。契約はいわば事前束縛のテクニックであるともいえよう。

結婚式も、ある意味では自己事前束縛のための装置かもしれない。結婚式ではたいてい神や人の前で相手をいたわり苦楽をともにすることを誓わされる。披露宴ではきらびやかな衣装に身を包み、親しい人の前で結婚したことを披露する。かかる費用もかなりの額にのぼることもある。これでもし離婚すれば、神様に対する誓いを反故《ほご》にし、大勢の人の祝福や期待を無にすることになる。その上、かかった費用も無駄になる。このような事前束縛が、ある程度離婚を思《おも》い止《とど》まらせている可能性はないであろうか。

事前束縛には道具も用いられる。イグ・ノーベル賞を受賞した目覚まし時計クロッキー（Clocky）というものがある。これには車輪がついていて、ベルが鳴ると同時に部屋の中を逃げ回る。ゆえに、布団の中から手を伸ばしただけでは目覚まし時計を止めることはできない。この目覚まし時計をセットした時点で、その人は翌朝起きざるをえなくなるのである。

②足を洗う・脱会することにコストがかかり困難（やめますと言うだけでは済まされない）

服従実験の場合、途中で離脱することが難しい面がある。それは実験参加のために費やしたコスト（時間、エネルギー）や受け取った謝礼、これまで実験者の要請に努力して服従してきたという認知のためである。それから実験者が実験の続行を促すことも一つの要因である。先に述べた新興宗教教団の例でも、脱会することの困難さが信者の証言により明らかになっている。

脱会することの困難さのゆえに、ますます権威者を尊敬し、集団と一体となろうとすることもありうる。次の例も新興宗教教団信者の振る舞いである。(6) シカゴに、30人ほどの小さな宗教団体があり、その教団は神秘的なものや超自然的な現象などを深く信じていたという。あるとき教祖が、大洪水が起きるという予言をした。その予言は、空飛ぶ円盤を通じてある惑星の知的生命体から受け取ったものだという。彼らは、その日に備えて生き残るためのあらゆる準備をしていた。ところが、予言の日が何事もなく過ぎ、その予言が外れてしまった。そのとき、信者は信仰を捨てず、神がわれわれを救ったと再解釈して、自分たちの行為を正当化し、信仰を厚くして布教活動を熱心に行ったということである。

服従実験の場合も150ボルトのレベルを過ぎてシビアな状況になっても、ほとんど離脱する被験者はいなかったのである。

以上、服従に関連する要因は複数存在するが、参加意欲促進要因、遂行促進要因、離脱阻止要因の3要因に大別できるであろう。さらにこれらの要因の時系列出現順位については、大体先述の順番の通りであろう。[7] 服従を集団成員に要求する権威者は国家や反社会的カルトだけでなく、程度の違いはあっても普通の集団でも存在しうる。その場合も右記の要因が成員の行動を縛っていることが考えられる。

4　服従実験の観察者は実験をどのように見るのか

ミルグラムは先述したように、精神科医などの専門家にも服従率がどうなるかについて聞いている。その結果、大多数の人は「服従する人はほとんどいないであろう」と回答したということであった。そこで筆者は筆者が行った服従実験の動画を第三者が観察した場合、どのように認識するのかを調べた。ただし、電撃投与量や服従者の割合に関する情報はミルグラム実験の結果を用いた。被験者は大学生79人であった。ここでは、実験の当事者ではなく、第三者が責任の帰属をどのようにするのか、また根本的帰属錯誤（教師役の性格に行動の原因を求める）のような現象が生起するのか否かについて検証した。言葉を変えれば、当事者を対象とした行動分析から、それを眺める外部の人間の評価へ視点を転換するものであった。

なお、服従実験の評価に関する研究はこれまでいくつか行われていて、たとえば、第三者に教師役の行動の原因や状況の影響などについて回答を求めたものもある。(8) 研究の結果、予想に反して、第三者は、教師役の攻撃行動が実験者の命令などの状況の影響によって引き起こされたことをきちんと把握していることが明らかになった。それから、教師役の行動の動機は、生徒役を傷つけることよりも、実験者の機嫌を損ねないようにすることにあると第三者は認識する傾向があった。ただし、この研究はもっぱら教師役の行動に焦点を合わせたものであった。それに対して筆者は実験者や生徒役にも注目した。実験者や生徒役をどのように認識するかは教師役の認知に影響するものと思われた。

その結果、電撃の予想投与量（もし観察者自身が教師役になったと想定した場合）は142・5ボルトであった。また、高い服従率（65％）に関する情報を与えた場合、257・9ボルトとなった。観察者は自分がこの状況に置かれたとすると自分も高いレベルで服従することを予測していた。これは、ミルグラムの第三者の服従予想とかなり異なっていた。また、服従率の情報にかなり影響されることも明らかになった。

さらに実験者、教師役、生徒役の行動はどの程度、その場の状況（実験室、他者等）に影響されたものなのか、あるいは、彼ら自身の性格が行動の背景にあるのかについての回答を求めた。その結果、実験者は状況に影響されたと考える割合は67・1％であり、教師役に関しては64・0％、生徒役では57・0％であった。この結果から観察者は性格よりも状況に原因を求める傾向が強いことが明らかになった。特に実験者や教師役に関してはその傾向が顕著であることが示された。

最後に、教師役が電気ショックを与えたことに関する3人それぞれの責任の割合の評価を求めた。その結果、実験者57・6％、教師役33・0％、生徒役9・3％であった。この結果から観察者は実験者の責任を最も重く考え、教師役の責任は3割にすぎなかった。この責任配分は先述した実験当事者自身のものとは異なっていた。

自由記述としては以下のような内容が典型的なものであった。

「生徒役の人が痛がって悲鳴を上げているのに実験を続行できる人の神経を疑います。私だったら心が痛むので、そんなに長く実験を行えないです。謝礼のお金はいらないので、実験をすぐにやめさせると思います」

「450ボルトまで実験を続行した人が半数以上いるのは驚いたし怖いと思いました。実験前に45ボルトのショックを体験したとはいえ、それから10倍もある450ボルトまで続行する勇気は私にはないです。お金をもらっているから、私が続行しなければ研究が進まないとはいえ、隣の部屋から聞こえるうめき声や叫び声に耐えられないと思うし、実験開始前に顔を合わせた人が自分の判断で痛みを受けている状況に耐えられないと思います。４５０ボルトまで続行した人の中には自分が受けるわけではないから、相手は知らない人だからという思いがあるのではないか。また実験者の言葉の影響もあるのではないかと思いました。匿名であったり、知らなかったりという状況で人間の思考の怖さが見えてくると思いました」

「(自分だったら何ボルトまで電気ショックを与えるかについて) 電気ショックは危険だけど４５０ボルトくらいの実験をしないと研究がわからないから４５０ボルトにしました。実験参加の謝礼で５０００円もらっているのもあり、高いボルトの４５０ボルトにしたのもあります。あと、過去にも行われた実験でも65％の人が４５０ボルトまで実行しているので同じ４５０ボルトまでしたほうがいいのではないかと思ったからです」

このように様々な意見があった。中には右記のように「自分も研究のために４５０ボルトまで電撃を与えるかもしれない」と回答した被験者もいたが、多くは「生徒役の苦しみがわかっていながら、実験を続行した教師役の行動に驚き疑問を持った」というものであった。しかし、一方では観察者自身が当事者になった場合、特に半数以上の人が最後まで命令に従ったという情報が与えられた場合、自分も２００ボルト以上のショックを他者に与えるかもしれないと判断していることもわかった。そしてその判断は主に状況に影響されたものであり、責任は主として実験者にあると考えていることも明らかになった。根本的帰属錯誤のような現象が生起したとはいえなかった。

5 服従実験の問題点①——生態学的妥当性の問題

服従実験に関しては様々な批判がなされているが、それは服従実験の物語が大きすぎたことにあると思われる。それもホロコーストのようなおぞましい出来事に関連した実験として有名になったからであろう。過去には服従実験で使用されたような方法を用いた実験（電気ショックの使用、被験者の意に反するような行動を実験者が強いる手続き、実験目的の偽装など）が社会心理学の領域では数多く行われていたし、現在でも一部行われている。しかし服従実験ほど、一方では注目され、他方では批判されるということはなかった。物語が小さい場合には語られることも、それから関心を持つ人も少ないということであろう。

①服従実験の生徒役とホロコーストの犠牲者を同一視することの問題

ここではこれらの批判について、ごく簡単に述べることにする。その第1は実験結果が現実の社会で生起する現象を説明できているか否かという問題である。いわゆる生態学的妥当性の問題である。服従実験は先述したようにホロコーストと関連づけて語られることが多い。服従実験が示唆することは、自分を善人だと思っている大多数の普通の人が、この種の実験状況に置かれた場合は罪のない人に対して容赦ない攻撃行動をしてしまうというものである。すなわちそのときの状況が人間の行動を支配しているというものである。

一方、これだけでホロコーストを説明するのは単純すぎるという考えもある。犠牲者のユダヤ人は西洋社会で歴史上長期にわたって良いイメージを持たれていない差別対象のマイノリティであった。さらにシェイクスピアの『ベニスの商人』のようにマジョリティに害を与える悪《あ》しき存在と思われていた可能性もある。それゆえに加害者は被害者を虐待することに関しては閾値が低く、何かのきっかけ（上位者の要求など）があれば、代理状態にならずとも容易にそれが発動される傾向があったと考えられる。

それに対して服従実験の犠牲者である生徒役はその場で偶然に与えられた役割であった。そして教師役の被験者は生徒役に対してネガティブな感情を持っているわけでもなかった。電撃を与えたのは生徒の学習効果を向上させようという配慮もあったと考えられる。それは先に述べた被験者の言葉でも示されている。それに対してアイヒマンの場合は率先してホロコーストを主導したことが最近の研究で明らかにされつつある。[9]

②服従実験という新奇な状況に被験者が突然投げ込まれることの問題

被験者は大学の心理学実験室に初めて来て、学習理論の証明実験という何か難しそうな作業に参加し、しかも見慣れない電撃装置の前に座らされるのである。それから言葉のリストを渡されて、一生懸命読み上げ、それに対する生徒役の反応を見て電撃ボタンを押すのであるが、突然隣室から叫び声が聞こえてくるという、おそらく被験者にとって前代未聞、想像すらしなかった事態に遭遇するのである。

新奇な情報に人は影響されやすいことは数々の説得実験で証明されている。たとえば誰もが疑いなく信じているが、それについて考えたり議論したりしたことはほとんどない自明の理（truism）を否定する新奇な情報が与えられた場合、その情報に強く影響されることが明らかになっている。ゆえに、前もって自明の理についての簡単な情報が与えられると、それを否定する情報を与えられても、簡単には影響されないような耐性が形成される。これを、**接種効果**と呼ぶ。

たとえば次のような実験がある。(10) 歯磨きをすることは自明の理であり、それを疑ったことなどあまりないであろう。そこで「多くの人が毎食後に歯磨きをしているが、高頻度の歯磨きは歯茎を傷つける可能性が高くなる。その傷に虫歯菌や歯周病菌などの雑菌が入り込み、結果的に歯や口の状態を悪化させてしまう」といった情報が与えられた場合、容易に説得されてしまうのである。このような脆弱性《ぜいじゃくせい》を防ぐために、前もって自明の理についての賛否両論を知らしめたり、あるいは被験者自ら自明の理について考える機会を与えたりするといった試みが有効であるとされている。

服従実験はいわば被験者にとっては新奇刺激満載の状況であったと思われる。そのような状況で実験者の指示に従うのは当然といえば当然であろう。もし被験者が実験目的の偽装を知らないままに、時間を置いて2回目の服従実験に参加したとしたら、実験の新奇性低下のために、初回ほどは服従しないことが考えられる。

さらに被験者は実験者を「きちんとした身なりをした賢そうな風貌をした人」であると感じたであろう。すなわち信憑性が高く、その人の言葉も信頼できると思ったのではないだろうか。情報源の信憑性や信頼性が高い場合には説得効果が高まることも数多くの実験が証明している。たとえば第2次世界大戦後間もなくのころ、原子力潜水艦が未建造の時代に原子力潜水艦の建造可能性についての説得実験が行われた[11]。その結果、説得メッセージが、アメリカの高名な物理学者オッペンハイマーによるものであるとした場合とソ連の新聞「プラウダ」のものであるとした場合では、前者のほうが後者より説得効果が高くなった。すなわち、説得者が知識豊富で（高専門性）、誠実である（高信頼性）と見なされたとき、説得内容が受け入れられやすくなるのである。ただし、信憑性の効果は時間経過とともに低下するスリーパー効果も確認されている。実験によれば4週間後には効果が消失したのである。服従実験でも実験者の信憑性の効果は時間が経《た》てば低下するかもしれない。

このような視点に立てば、服従行動はミルグラムが主張するような代理状態ではなく、いくつかの説得効果を高める仕掛けが巧妙に仕組まれていたことで、被験者はそれに影響されてしまった可能性もある。

③アイヒマンの凡庸性に関する疑い

それから、先にも述べたように、アイヒマンは凡庸な人ではなく、信念を持ってユダヤ人を抹殺しようとした非道な人間だったことも徐々に明らかになっている。２０１１年にはアイヒマンに関する膨大な資料を整理して『エルサレム〈以前〉のアイヒマン』というタイトルの本が出版されている[12]（２０２１年に邦訳も出ている）。その本の帯には「ナチズム信奉、ユダヤ人絶滅という仕事への自負、権力への執着、エルサレムの囚人となった後は自己正当化」といった解説がある。アーレントは裁判でのアイヒマンの自己演出に影響されてしまったとも考えられるのである。

6　服従実験の問題点②——方法論と倫理の問題

服従者の責任と自由意志の問題

社会心理学の重要な研究領域の一つは、権威に対する服従や同調、偏見や差別など政治やイデオロギーの問題に関連するものである。それは必然的に個人の能力や特性よりも、教育や貧富の格差といった社会システムの問題である状況的原因に注目する傾向（リベラル・バイアス）をもたらしたとの見方がある。[13] 実際、アメリカ心理学会の人格・社会心理学部門のシンポジウムで、「自分を保守主義者だと思う人は挙手するように」との問いかけを行ったところ、1000人以上の出席者のうち挙手したのはわずか3人であったという。[14]

第1の問題は状況の影響力を重視しすぎると、服従者の責任が問えなくなることである。状況主義を敷衍《ふえん》すれば、人は本来的に善良ではあるが自由意志のない操り人形と同じ存在と見なされることになる。そうすれば、加害者は道徳的責任を追及されることなくすべて免罪されてしまう。実際には加害者の人格特性の影響を否定するほど極端な状況主義者は少ないかもしれないが、研究がリベラル・イデオロギーに染まってしまうと、偏った研究課題の選択や、バイアスのかかった解釈につながる可能性もある。服従研究もそのイデオロギーと無縁ではないかもしれない。

研究倫理の時代による変化

第2の問題は方法論に関するものである。服従実験に関して倫理的問題を指摘する研究者が共通して挙げることは、①被験者に対するインフォームド・コンセントがないこと、②実験から自由に離脱することが難しいこと、③被験者が精神的に追い込まれる状態に置かれること、④被験者に対する事後説明やケアが十分でない可能性があること、⑤研究で得られた知見が社会統制（指導者が社会を意のままに動かすこと）に利用される可能性があること、である。ただし、このような問題があったとしてもここで得られた知見が社会や人間を理解するうえで有用なことも否定できない。倫理問題と有用性のバランスをどのように考えるかは難しい問題である。そして、このバランスは時代が新しくなるに従って倫理や人権のほうに重きが置かれる傾向が強くなっている。

筆者は「毎日新聞」のデータベースで、先述した大島（2012）が述べている戦前の美風を表している言葉「純潔教育」や「親孝行」について検索してみた。純潔教育に関しては1972年に「全国純潔教育研究大会」が開催されている。それから「親孝行」に関しても同年に「ミニ娘の親孝行（若い根っこの会の両親招待東京見物）」という記事がある。ミニ娘というのはミニスカートの娘ということらしい。この時代はまだ集団就職が行われており、集団就職で上京した娘が両親を東京見物に招待したことが美談として報じられていたようである。

それに対して人権や倫理に関する言葉、たとえば「女性 & 差別」については1970年までは記事数が2個しかない。ところが1985年までの累積数は87個、2000年3990個、2023年9月25日現在1万2012個となっている。このことは1970年の初頭までは女性差別という概念自体がなかったのではないかとも考えられる。また1985年までは1年間に平均6個しかない。その後急激に増加している。

また「人権」については1970年まで449個、1985年1287個、2000年2万1383個、現在6万1018個となっている。さらに「個性」に関しては1970年まで63

個、1985年227個、2000年1万2144個、現在4万3901個となっている。そして「研究&倫理」に関しては1970年まで3個、1985年11個、2000年1848個、現在5271個である。

このデータが示唆することは、1970年、1985年、2000年を区切りにして、人権や倫理に関する見方が変化したことである。ミルグラムが実験を行った1970年以前は人権や倫理よりも研究の有用性のほうが重視されていた可能性もある。

このような社会の変化に伴って心理学会の倫理規程も明文化されている。たとえばアメリカ心理学会では1953年に倫理基準（Ethical Standards for Psychologists）が制定されていたが、1981年以降は倫理綱領（Ethical Principles for Psychologists）となっている。研究者が守るべき原理原則に変わった。日本でも1991年に日本心理学会初の「倫理綱領」が制定されている。それから「被験者（subjects）」という言葉も、心理学の論文では「参加者（participants）」が使用されるようになった。英語の「subjects」は従属関係を含意しているということである。それに対して日本語の「被験者」は中立的な言葉ということであるが、アメリカに倣って「参加者」が使用されることが多くなっている。[15]

服従実験の方法に対して否定的な論者の1人[16]は心理学研究における人権保護の重要性を強調して次のように述べている。

ほとんどの人々は、ほとんどの倫理学者と同じく、嘘は本質的に間違っていると考えています。したがって、倫理的に許容される嘘は、より高い善によって正当化されなければなりません。ミルグラムは、得られる知識がより高い善であり、他の方法では得られないという理由で、目的を偽装した実験を擁護し、その支持者たちはそれを容認しています。研究目的を偽装する以外に実験が「実行不可能」であるということや、研究が「重要」であるということが参加者からのインフォームド・コンセントを得なくても済む抜け道となっています。科学的努力において方法が参加者の基本的人権の保護と衝突する場合、妥協すべきなのは研究者が使用する方法であり、嘘や欺瞞《ぎまん》を使用することではありません。

ただし、このような高い倫理基準を遵守しなければならないということであれば、心理学、特に社会心理学の研究方法はかなり限定されたものになり、また教科書に記載されているような過去の有名な実験もその多くが倫理基準に合致しないことになる。

筆者と大学倫理委員会とのやりとり

以下は筆者と大学の倫理委員会とのやりとりについて紹介したものである。すでに述べた実験を終えたあと、実験を継続するために筆者が大学に研究倫理審査申請書を提出し、それに対して最初（２０１３年５月20日）に大阪大学大学院人間科学研究科行動学系倫理委員会から左記のような質問がなされた。それに対して、筆者なりの回答に努めた。

質問A：今回の申請は、昨年度の実験計画の期間を単に延長するだけのように思われますが、継続申請の場合には、まず、昨年度の計画で実施した実験に問題がなかったことを、明記する必要があります。

回答A：これまで15人の被験者に参加してもらった。年齢は20～70代で、職業は自営業、会社員、無職、学生、派遣社員、パートなど様々である。被験者は調査会社を通して募集している。募集の段階（調査会社のホームページ）で、参加を希望した人の現在の精神状態について尋ね、問題を抱えていることがわかった人には参加を要請しなかった。被験者のうち男性は8人、女性7人であった。そのうち1人は臨床心理士のスクリーニングの段階で不安傾向が高いと診断され、実験に参加しなかった。また実験終了後、実験室から退出した後で実験手続きに疑念を表明した被験者が1人いた。14人のうち150ボルトを超えて服従した人は13人であり、1人のみが150ボルトのところで実験者の要請に従わなかった。すべての被験者は、105ボルトまでは淡々と課題に取り組んだ。しかし120ボルトになり、サクラの具体的な発言（これは本当に痛いよ！）を聞いた直後には実験者を見つめるようなしぐさをした。また150ボルトにおけるサクラの発言（出してくれと言う）の直後には被験者（服従した人）は実験者を見つめるものの、実験者が平然としている様子を見て、課題を続けた。実験中に大きな感情的反応（叫んだり激昂《げきこう》したりする行動）を示した被験者はいなかった。実験終了後にサクラが被験者に挨拶し、電気ショックは実際には与えられなかったことを告げると、安心している様子であった。このように年齢・職業とも様々な被験者を対象に実験を繰り返したが、実験はすべて安全に行われた。

質問B：実験手続きにおいて、特に、心臓疾患に関する項目や椅子への拘束などについては、不適切だと感じました。これらの手続きが追試に必須な理由を明記する必要があると思います。

回答B：心臓疾患に関する項目はミルグラム実験5にも用いられている。これについてミルグラムは「サクラが電気ショックに脆弱であることを被験者が感じなければ、実験者の要請に抵抗なく従ってしまうことが懸念されたためである」と記述している。また2009年にアメリカで行われた先行実験でもサクラが「2〜3年前カイザー病院に入院していたことがありますが、そのとき怪しい心臓疾患が見つかりました。まあ、たいしたことはなかったのですが。でもこのようなショックを受けるとどうなるか。ショックはどのくらい強いですか。どのくらい危険ですか」という発言を行っている。[17] 本研究は、この先行実験結果との比較を主目的としているためにこの操作をしなければ本研究の実験意義は失われてしまう。実際今回われわれが行った実験ではほとんどの被験者が１５０ボルトまで実験者の要請に従った。14人の被験者の9割以上がその要請に従っているために、もしこのような操作がなければ服従率は１００％となる可能性が高い。

それから椅子への拘束について「縛り付け」という用語の使用は不適切で、「腕の固定」という用語を使用すべきであった。先行実験ではsecure（安定させる・固定する）という言葉を使用している。腕を椅子に固定することは実験手続きとしては必須である。なぜならサクラが自由に電極を外せるのであれば、サクラが隣室でショックの痛さについて発言し実験中止を求めることが不自然になってしまう。

質問C：被験者（教師役）にストレスの兆候があれば、すぐに実験を中断するとの記述が、申請書にありますが、誰がどのように判断するのかを明記してください。なお、先行実験では、臨床心理士が実験者役になっていると記述されています。

回答C：実験の中断は、訓練された実験者が左記の4つの勧告を順番に行い、4番目の勧告にも被験者が従わなかった場合に行う。

1　お続けください。
2　実験のために、続けることが必要です。

3　あなたが続けることが絶対必要です。
4　迷うことはありません。続けてください。

なお150ボルトの電撃投与要請に従わなかった1人の被験者は第4段階までの勧告を行ったがそれ以外の13人の被験者については第1の勧告以上の勧告をしていない。また臨床心理士と申請者本人も隣室からモニターを通して実験の様子を監視していて、被験者が明確な感情的反応（叫ぶ・激昂する）を示した場合には即座に中止の指示をする。それから先行実験では、臨床心理士が実験者役になっているが、本実験の場合、右記のように臨床心理士と申請者が絶えず聴視している。また実験者として2人を雇用しているが、そのうちの1人は臨床心理士である。

質問D：2009年にアメリカでバーガーが行った先行実験の内容に関して、倫理審査に必要と思われる部分の要約も提出してください。

回答D：バーガー実験は服従実験の倫理問題をクリアするためにミルグラムの実験手続きを一部改変している。論文に従って以下にそれを記述する。

当実験では150ボルトを超えた時点で実験を中止する。ミルグラムの実験の場合は450ボルトまでの設定がなされている。150ボルト地点は臨界点である。ミルグラム実験の場合

40人の被験者のうち、14人（35％）が450ボルト到達以前に実験を中止した。6人（15％）が150ボルトでのサクラの抗議を耳にして中止した。1人はそれ以前に中止した。そして、150ボルトから450ボルトの間で中止した者は7人にすぎなかった。要するに150ボルトを超えた被験者33人のうち26人（79％）は450ボルトまで従った。150ボルトを超えるか否かで、450ボルトまで服従するか否かをおおよそ推測できるのである。この事実はミルグラム実験における倫理問題の解決方法を示唆している。150ボルト地点で実験を中止すれば、それ以降、被験者に与えられる過大なストレスを避けることができる。

右記以外の安全対策として左記のような方法を用いた。

①2ステップのスクリーニングを実施してネガティブな反応をする可能性がある被験者が参加しないようにする。その第1は電話による面接である。電話で「精神障害で治療を受けたことがあるか」「最近心理療法を受けているか」「不安や抑うつを抑制するための薬を飲んでいるか」「ストレスによる何らかの精神的問題を抱えているか」「アルコール飲用や薬物使用のために問題を抱えたことがあるか」「幼児虐待や家庭内暴力や戦争によるトラウマを抱えているか」を尋ねた。これらの質問にイエスと回答した人は実験に参加しなかった。第2のスクリーニングは臨床心理士の面接による。ここではいくつかのパーソナリティテストが実施され、さらにMini international neuropsychiatric interview（精神疾患簡易構造化面接法）に従

って面接が行われた。
②被験者は少なくとも3回は実験の中止を主張できる。最初は被験者が実験室に入って実験者やサクラと顔を合わせた後である。この時点で、実験者は「たとえ実験に参加しなくても謝礼は支払われる」ことを告げたうえで50ドルを渡す。2回目は記憶実験に参加してもらうとの説明を実験者が行い、ビデオに撮影すると告げ、そのための承諾書を書いてもらうとの説明を行うが、その時点である。3回目は実験の途中である。
③サンプルショックとして15ボルトを用いた。ミルグラム実験では45ボルトであった。
④実験終了後直ちにサクラはショックを受けていないことを知らせ、その後サクラは被験者と顔を合わせ挨拶した。
⑤実験者は臨床心理学者であり、被験者が過大なストレスを感じている兆候があれば実験を中止するように要請されていた。

この手続きはSanta Clara University Institutional Review Board（サンタクララ大学倫理審査委員会）の承認を得ている。

質問E：先行実験の論文によれば、ミルグラム実験の妥当性を（そして、その追試の妥当性を）、ミルグラムが行った被験者への調査に、大多数の被験者が「参加してよかった」と回答していることに基づいて判断しています。ミルグラム実験の成果は、「権威（を持つ者）の指示するように行動することが正しい行為であると、人が思考する傾向が強いこと」、すなわち「自身の行動を正当化」することを明確にしたことにあると思われます。したがって、被験者が心的負荷を負いながら実験に参加したからこそ、自身のそのような行動を正当化するために、「実験に参加してよかった」という判断が下されたとも考えられます。本申請書において、実験の目的、必要性は明確に示されていると考えますが、実験の倫理的妥当性の記述については、さらなる加筆が必要と思われます。

回答E：先行実験では追試の妥当性について主張するさいに、ミルグラムの主張を受け入れているとはいっていない。「in his defense（ミルグラムの反論）という言葉の後に、ミルグラムはそのように主張している」と述べているにすぎない。そして現代の倫理基準ではミルグラム実験は明確に逸脱していると述べている。

質問F：先行実験および本実験でも150ボルトで実験が終了されます。先行実験の論文記述によれば、ミルグラムの実験で150ボルトを通過した人の79％が450ボルトの最後までスイッチを押したことを理由に、150ボルトまでの実験が適切であるということでした。添付書類の『実験目的』の2ページ目に「150ボルトでは過大なストレスを加えることにはならない」と記述されていますが、上述の内容から、150ボルトを通過した段階で、かなりの心的負荷を与えていることにはならないのでしょうか。

回答F：ミルグラムの実験では150ボルトを過ぎた後、サクラは大声で叫び、苦悶《くもん》し、反抗し、最後には反応しなくなる。その間被験者はサクラや実験者と激しいやりとりを行ったりする。このような激しいやりとりや連続するサクラの苦悶を聞くことによるストレスこそが倫理基準に反するものだと思われる。150ボルトで実験を中止すればこのような激しいやりとりやストレスは避けることができる。

質問G：実験協力者に対する心理的ケアの一つとして、実験終了3ヵ月後にインタビューを行うことが申請書に明記してありましたが、『実験後のインタビュー』の書類の最後に、「……もしよろしければ名前と電話番号を教えてほしい」と記述してあるため、被験者の全員に3ヵ月後のインタビューがなされるのかどうかが不明瞭です。これに付随して、被験者の個人情報を実験代表者等が管理することがあるのならば、その管理を徹底する旨の文章を記述してください。

回答G：実験終了後、被験者全員に3ヵ月後と1年後に電話によるインタビューを行い、精神的健康状態について確認する。もし問題があればカウンセリングなどのケアを行う。

質問H：サクラとして実験に参加する生徒役、実験者役の心理的ケアは全く必要がないのでしょうか。

回答H：実験終了後、臨床心理士、サクラ、実験者、実験補助者（本研究室の博士後期課程の院生）を含めた全員のミーティングを行い、実験結果の確認とスタッフのケアを行う。

質問I：実験終了後の被験者への説明は、誰が行うのかを明記してください。

回答I：被験者への説明は、実験の目的や方法を熟知した実験補助者が行う。

質問J：『研究倫理チェックリスト』において、「予測される危険性について説明を行いますか？」に対して、「はい」と回答されていますが、正しいでしょうか。

回答J：募集は2段階になっており、第1段階は募集のホームページ上にあるチェックに印を入れる段階である。第2段階は電話による確認の段階である。ここで様々な心理学実験の知識があるか否かを確認し、さらに実験では、ある程度のストレスが与えられることを知らせ、参加の意思を確認する。

質問K：添付書類の中で書かれている「臨床心理士」はすべて、共同研究者の○○教授のことでしょうか。それとも別の臨床心理士が対応するのでしょうか。

回答K：ほとんどの実験で○○教授が参加するが、スケジュールの都合がつかない場合、他の臨床心理士が参加することも予想される。

質問L：このような実験に、被験者の心理的負荷を考慮して臨床心理士が常に立ち会っているということは、大変すばらしいことだと思いますが、そのような臨床心理士は共同研究者として参加すべきなのでしょうか、それとも、中立の立場から参加するべきなのでしょうか。

回答L：これは難しい問題である。臨床心理士はこの実験の内容を把握しておく必要がある。バーガーの実験でも「臨床心理士は実験の手続きを熟知している」とのことである。本実験では臨床心理士は精神疾患簡易構造化面接法に完全に準拠し、中立的立場を保持しながら面接とスクリーニングを行っている。

以上が行動学系倫理委員会とのやりとりである。後日、外部の識者を含めた大学院人間科学研究科全体の倫理審査委員会が開催され、筆者はそれに参加することになった。筆者が知る限りではこのような委員会が開催されたのは初めてである。議論は先述した内容に即していた。筆者が委員の方々の矢継ぎ早の質問に的確に回答できたか自信はない。その数日後、左記のような通知を受け取った。

右記研究課題について、研究倫理委員会による審査の結果、左記理由により不承認となりましたので通知します。

不承認の理由

(1)実験に伴うＰＴＳＤの危険性があるにもかかわらず、その対策が十分に講じられているとはいえない。

(2)被験者から苦情が来た場合の対策が不十分である。

(3)本研究計画が、本研究科研究倫理審査委員会に申請された段階で、審査に関する説明責任は教員個人ではなくて、人間科学研究科になり、ひいては大学の責任にもなると考えられる。研究科で説明責任を果たせるような研究計画になっていない。

(4)本研究計画の意義が申請者および一連の書類を通して十分に説明されているとはいえない。

この実験および研究は、数十年前海外で実施されたのであるが、その後「研究倫理」という問題を惹起《じゃっき》させた研究ともいわれている。そのため日本では一例の実験もないというのが、専門分野の多くの研究者の共通理解である。にもかかわらず申請者独自の倫理的配慮が見られない。

以上が不承認理由である。各理由については説明が短く、よく理解できないが、首肯できる理由は(3)である。責任を研究科や大学が負うことになるからであろう。それは不承認の正当な理由と考えられる。この研究の倫理審査に関与された行動学系や研究科の教員、それから外部識者の方々に感謝する次第である。(18)

被験者に対する配慮

いずれにしてもこの実験が実験者、被験者、実験補助者を含めてかなりストレスがかかるものであることは確かである。筆者は過日、卒業研究で450ボルトまでのフルバージョンの実験を実施した小森氏に連絡して、実験について尋ねた。なお、筆者と小森氏は面識がなく、小森氏の卒業論文の存在も知らなかったが、ある日たまたま、実験室の整理をしているときにその卒論の背表紙が目に入ったのである。そこで早速、当時の実験の様子について質問した。その中で小森氏は次のような述懐をしていた。

当時は、現在ほど社会心理学実験のもつ倫理的側面に意識が払われてはいませんでした。むろん、ミルグラムの実験は、内容、手続きともに、その倫理性が問題となっていました。ですが、実験全般について倫理的に問題視するということはありませんでしたし、事前に審査するという発想もありませんでした。また、阪大人間科学部の社会心理学研究室ではディセプション（実験目的の偽装）を用いるのが普通のことだったということもあります。私が3年生のときには、修論の実験の手伝いでサクラをやりました。ある程度、安易にミルグラムをやってみたというのは事実です。

ただし、実験の第1試行で問題が起きました。被験者は実験中に続行することを断りました。このときの被験者の葛藤はたいへんなもので、実験後の浄化セッションでは当然、説明にあいつとめましたが、そう簡単には納得してもらえませんでした。正直にいうと、この被験者に関しては、彼が納得した上で実験室を出たかどうか私にはわかりません。実験者役をやってくれていた私の同級生が、被験者を見ていられない、この役はやれないと言ったのです。当然、実験は中断ということになり、ゼミの人間全員による検討会が開かれました。4年生の卒論の中間発表会でしたが、実際は私の実験についての議論が集まりの大半の時間を占めました。しかし、そこで実験そのものを見直そうとか、中止しようといった発言は出ませんでした。ただ、実験を継続するとしても、問題をクリアするための特効薬となる方法があるわけでもありません。結局は4条件各20試行だったプランを、各10試行にすることになりました。実験者役の同級生は私が説得し、実験後の浄化セッションでの説明を時間をかけてていねいにやるということを確認しました。

その後、全40試行を行いましたが、浄化セッションを重ねていくことでわかったことを列挙します。

(1)実験後の説明は、ミルグラムの行ったところから始めて、実験の意図から実験全体のデザインまで、詳しく説明する。詳しすぎるということはない。

(2)決裂した被験者のほうが葛藤が大きく危険であり、実験後の説明もていねいで詳しいものが必要となる。これは第1試行の被験者のみならず、ほぼすべての決裂した被験者に相対しての感想です。

(3)実験の説明のさいに、一方的に説明するのではなく、感想や意見を求め、被験者に発言の機会を与えたほうがよい。その場合、もちろん真摯に耳を傾ける態度が重要になる。

このような小森氏の述懐から1982年当時の実験の雰囲気が理解できる。それでも、もしホロコーストをイメージする「服従実験」ではなく「同調実験」「説得実験」や「リーダーシップ実験」というラベリングであったら、実験の雰囲気は異なったものになったかもしれない。当時研究室ではPM理論[19]に基づくリーダーシップ実験が盛んに行われていたためである。

それらの実験では、リーダー役は「もっと早く」「遅いぞ」「急いで急いで」「時間がありませんよ」「遊ばないで仕事！　仕事！」「他のグループより遅れていますよ」「ここが一番まずい」というような、被験者に作業を強いる発言（課題遂行型リーダーシップの場合）をしていた。研究室の雰囲気として、服従実験はその延長上にあったかもしれない。なお、現在は、この種の実験も行われていない。

第3章　同調行動はなぜ起きるのか

1　同調とは何か

前章で述べたように服従が他者からの働きかけに受動的に反応することに対して、能動的に自分の行動を他者の行動や態度に合わせる現象もある。これが**同調**である。人が社会や集団に適応していくうえで必要不可欠な行動であるが、場合によっては付和雷同、自律性の喪失、過剰適応につながることもある。自分が他者に同調していることは意識されることもあるが、意識されない場合もある。たとえば地元チームに対する贔屓《ひいき》はどうであろうか。

不動産会社のアットホームが２０１４年に各都道府県のプロ野球ファンの割合を調査している[1]。それによれば、当然ではあるが全体的に地元球団のファンが多い。たとえば、広島県の広島ファンの割合は80・０%、宮城県は楽天ファンが90・０%、福岡県はソフトバンクファン

86・7%となっている。大阪は意外にも、阪神ファンの割合は少なく56・7%である。それでも調査対象者の半数以上がファンということである。筆者も初めて大阪のタクシーを利用したとき、運転手がいきなり阪神の話を始めたので当惑した経験がある。

なぜこのような地元球団のファンが多くなるのか、いくつかの理由が考えられる。その一つは情報に接触する頻度である。たとえば地元球団については情報が多く、それに接する機会が多いのではないだろうか。筆者は福岡在住であるが、NHKの夕方に放送される地域のスポーツニュースにはソフトバンクホークスに関連したものが取り上げられることが多い。ある特定の情報に頻繁に接すると、それを好きになるという「単純接触効果」というのがあるが、それが一つの理由として考えられる。もう一つが同調である。幼いころから周りの人が特定のチームを応援している場合、影響されるのは当然であろう。

同調とは、ある特定の集団に属したり、受け入れられたりするために、自分の態度や行動を周りに合わせることである。この行動をもたらす要因は、「仲間に入りたい」「好意的に見られたい」「一体化したい」「正しい判断をしたい」といった願望や欲求である。周りの人が応援しているチームのファンになれば、これらの欲求が満たされる可能性が高い。

ただし、周りの人と異なる非同調行動をする人もいる。筆者の九州出身の友人の中には今でも埼玉西武ライオンズファンがいる。彼は福岡の平和台《へいわだい》球場を50年前まで本拠地としていた西鉄ライオンズが忘れられないのであろう。特にホークスとライオンズの試合のときは熱心にラ

表3―1　同調行動に影響する個人特性

特性	各特性の影響
パーソナリティ	内向的人物、誠実性、安定性、協力的傾向が強い人、親和欲求が強い人、自罰的で他者に依存的な人、権威主義的人格の持ち主は同調傾向が高い。一方、自信家、自分のユニークさや男らしさに価値を置いている人、自尊心が高い人は非同調の傾向が高い
年齢	同調傾向は青年期まで上昇し、それ以降は低下する
出生順位	第1子の同調傾向は高い。第2子以下は反抗的・非同調的になる傾向がある
文化	アジアの集団主義文化の下で育った人のほうが欧米の個人主義文化の中にいる人より同調傾向が高い
知能	自分の知的能力に自信がない人は同調しやすい

イオンズを応援し、その勝敗に一喜一憂している。

2　同調の分類

このように同調するか否かには個人特性も関係していることが考えられる。次の表3―1はそれを示したものである。②

このようなことから、同調傾向が高い人や低い人、そして本心から同調する人と表面的に他者と合わせる人などがいることがわかる。次の図3―1はそれを示したものである。

図3―1の「迎合」とは他者や集団に拒絶されないように、また承認されるように同調することである。このタイプの同調は、影響力のある他者や集団が存在しなくなると消失する、一時的な外面的な行動変化である。「仲間に入りたい」「好意的に見られたい」という欲求に基づく同調はこのタイプである。

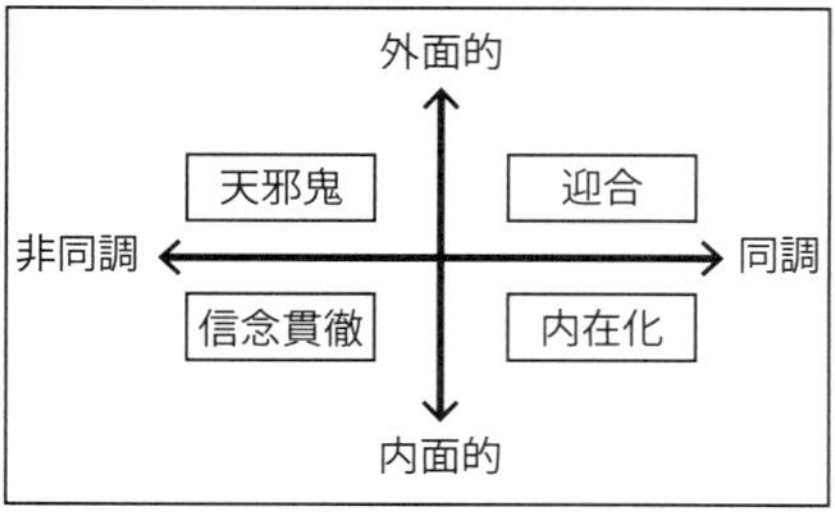

図３—１　同調のタイプ

メンバーは集団の意見には内心では賛成していないが、公にはグループの多数派が表明した意見に一致する意見を表明する。迎合の例としては「裸の王様」の家来や町の人の行動がある。彼らは王様が裸であることは知っていながら、王様や取り巻きに迎合して内心からではなく外面的に同調しているのである。

「天邪鬼《あまのじゃく》」は私的には多数派に賛成しているにもかかわらず、公的には多数派が支持する立場と反対の立場を取ることである。与党が言うところの「何でも反対」の野党や、「何を言っても聞き入れない」反抗期の子どもは親にとっては天邪鬼のイメージであろう。天邪鬼の例は、夏目漱石《なつめそうせき》の小説『吾輩《わがはい》は猫である』の苦《く》沙弥《しゃみ》先生であろう。姪《めい》の雪江《ゆきえ》は苦沙弥先生を評して「ただ怒るばかりじゃないのよ。人が右と云《い》えば左、左と云えば右で、何でも人の言う通りにした事がない、――そりゃ強情ですよ」「天探女《あまのじゃく》でしょう。叔父さんはあれが道楽なのよ。だから何かさせようと思ったら、うらを云うと、こっちの思い通りになるのよ。こないだ蝙蝠《こうもり》傘を買ってもらう時にも、いらない、いらないって、わざと云ったら、いらない事があるものかって、すぐ買って下すったの」と言っている。

「信念貫徹」とは自分の独自の信念、判断を公に表明し、集団とは意見が異なることを臆することなく示すことである。このイメージに合致するのはソクラテスである。彼は周りの俗人に屈従することなく善や知を追究し、刑死したといわれている。それから漱石の小説『坊っちゃん』の主人公もこのタイプであろう。無鉄砲で曲がったことが嫌いな坊っちゃんは、四国の中学校に赴任したとき、校長から「生徒の模範になれ」「一校の師表《しひょう》と仰がれなくてはいかん」「学問以外に個人の徳化を及ぼさなくては教育者になれない」など訓示された。これに対して「この様子じゃめったに口も聞けない、散歩も出来ない」と反発し、「到底あなたのおっしゃる通りにゃ、出来ません」と言って、辞令を突き返そうとしたのである。

「内在化」とは、メンバーが集団は正しいと考え、内心から集団の立場を個人的に受け入れることである。そのため自分の価値観や信念といった内面が永続的に変化する。他者の意見に根拠があり、確かであると感じた場合に生じる。「正しい判断をしたい」という欲求に基づく。われわれが学校や社会から学ぶことの多くは内在化されている。進化論や地動説といった科学理論、民主主義や社会主義といったイデオロギー、それから信者にとっての宗教の教義も内在化されているものが多いであろう。しかし、一方ではこのような科学理論やイデオロギーや宗教教義に異議を唱える人もいる。アメリカでは今でも進化論を信じていない人の割合が半数近くにのぼることがわかっている。科学技術政策研究所報告書（科学技術に関する意識調査―2001年2～3月調査）によれば「現在の人類は原始的な動物種から進化したものだ」という質問項目の正答率は、日本人は80％、EU（欧州連合）諸国の人は70％ほどであるが、アメリカ人は50％ということである。陰謀論の蔓延《まんえん》もこのような土壌が影響しているのかもしれない。陰謀論内在化が引き起こした有名な事例として「オルレアンの噂《うわさ》」がある。(3)この噂は1969年にフランスのオルレアンで流布したものである。噂の内容は「ユダヤ人が経営するブティックの試着室から何人もの若い女性が薬物を投与されたうえに誘拐された」というものである。噂はたちまち街中に広がり、ユダヤ人の商店を襲う暴動まで起こりそうになる。新聞は根も葉もない噂であるとして、打ち消しを図ったが、なかなか沈静化しなかった。ユダヤ人に対する根強い偏見がこの噂の根底にあるとする論評があるが、これについても明確にはならなかった。いずれにしても、多くの市民が噂を信じ込んだことは確かである。

3　無意識に影響を受ける

暗黙的影響

このように人が他者や集団からの影響により、行動や信念を変化させる現象が同調である。影響には3つのタイプが存在する。第1は無意識のうちに影響を受ける暗黙的影響である。人は話し相手の言葉遣いや行動に無意識に同調し、そしてその相手は自分に同調した人に好意を持つ傾向があることが実験で示されている。(4)たとえば客の注文の言葉をそのまま繰り返すウェイトレスは「はい」とか「わかりました」といった返事のみをするウェイトレスよりも、もら

ったチップの額が多かったという研究がある。(5)

集団お見合い実験

次に紹介する実験はスピードデート（集団お見合い）の場面を利用して、同調することが異性としての魅力を高めることを示したものである。(6) スピードデートは決められた時間内に男女が席を移動し、可能な限り多くの相手と話をして好きな相手を探す仕組みである。好きな相手がいたら相手の番号欄にチェックを入れる。そして相手もOKしていれば後日、主催者から互いの連絡先がメールで届くという仕組みである。似たようなシステムの婚活パーティーもあるだろう。

参加者は10〜20ユーロ（論文が投稿された2009年当時の為替レートは1ユーロが150円前後）を支払って参加した23〜30歳のフランス人男性66人である。一つのグループは男女それぞれが10〜12人である。セッション中、5分ごとにローテーションをした。ベルの合図で男性が移動し、女性は自分のテーブルに残った。5分間、参加者は、たとえば個人情報（趣味、教育、仕事など）やときには内面的な事柄（性的活動、夢）など、自由に何でも話すことができた。1セッション当たり、スピードデートの経験がある女性1人がサクラとなった。サクラは同調すべき男性の番号は知らされていたが、実験目的は知らなかった。そして同調対象の男性の言葉を模倣するように指示されていた。さらにサクラは、男性が「顔を撫《な》でる」「腕を組む」「耳を掻《か》く」などの非言語的な行動をした場合、3〜4秒後にそれを再現するよう指示されていた。非同調条件の場合は、サクラは男性の言葉や非言語的な行動をうっかり真似《まね》しないように注意されていた。ただし、同調条件でも非同調条件でもサクラはすべての相手に笑顔で接し、尋ねる質問内容も同じにするように指示された。セッション終了時に男性参加者は主催者に自分の連絡先情報を提供したい女性のリストを提出した。

実験の結果、サクラが同調したときのほうが同調しなかったときより連絡先情報を提供される程度が高かった。また、サクラが同調したときのほうが話も面白く、性的魅力も高いと評価されていた。この実験でも同調された相手には無意識に好意を持ってしまうことが明らかになった。

エレベータ実験

暗黙の同調現象を明らかにした実験はわが国でも行われている。そこでは、目的とする階と異なる階で、乗り合わせた他者が降りた場合に、それにつられて降りてしまう現象について分析している。(7) 実験では、被験者はエレベータに乗る前に、実験者から10階の実験室に行くように要請された。エレベータには見知らぬサクラが乗り込んできて、被験者に「自分は11階に行きたいので11階のボタンを押してもらえませんか」と頼んだ。エレベータは9階で突然開くように設定されていた。そのとき、被験者がエレベータから出るのか否かが観察された。実験条件はサクラが9階で降りる条件と降りない条件、被験者に考え事をさせる条件（エレベータ内でクイズ問題に解答させた）とさせない条件であった。結局これらを組み合わせて4つの条件が設定された。各条件とも被験者は30人であった。サクラが9階で降りて、かつ考え事をさせる条件では被験者の降りる割合は60%、サクラが降りて考え事をさせない条件33%、サクラが降りずに考え事をさせる条件37%、サクラが降りずに考え事もさせない条件17%となった。この結果は、他のことを考えているときには他者の行動に無意識に同調してしまう傾向が強くなることを示している。

4　緊急事態で大きくなる影響

情報的影響

第2は情報的影響である。この影響は他者の言動を情報源として利用しようとすることから来るものである。つまり、他者からの情報を客観的事実と考え、自分の意見をそれに合わせるのである。これは多くの人の意見が一致する場合は、より正解に近い、という信念に基づいており、これをもとに、より正しい行動をとろうとするため同調が生じる。生命保険に加入するとき、どの会社の保険を選べばよいのか、また金額はどの程度のものが適当か、選択することはなかなか難しい。そのようなとき、職場の同僚が契約した業者は信用できると思ってしまう。それから金額について迷っているとき、業者が「あなたの知り合いの○○さんはこの商品を契約されましたので、いかがですか」と持ちかけてくることもある。このような言葉に影響され契約する人は多いのではないだろうか。

情報的影響は、状況が曖昧でどのように行動したらよいかわからない場合や、突然緊急事態に投げ込まれて判断する時間的余裕がないような事態で大きくなる。災害発生時は、まさに状況が曖昧で判断の時間が限られている事態である。そのようなときには流言が発生し、それに影響される人もいる。２０１１年の東日本大震災発生時にも数多くの流言が発生した。たとえば「強盗や性犯罪が多発している」「被災地でナイフを持った外国人窃盗団が暗躍」「略奪が横行」「原発事故で有害な雨が降る」「あそこの水道水が危ない」などである（『日本経済新聞』２０１１年４月１日朝刊）。新型コロナワクチンに関しても「接種すると不妊になる（流言に接した人の割合56％）」「遺伝子が組み換えられる（22％）」「体が磁力を帯びて金属が貼り付いた（21％）」「ワクチンにマイクロチップが含まれているので、接種すると５Ｇで監視される（19％）」「世界の黒幕がワクチン接種で人類を管理しようとしている（13％）」などである。そして、何らかの流言を信じた人の割合は男性41％、女性が59％であった。また流言を信じた人のうちの62％が家族や他人に伝えていたことも明らかになった[8]。以上のことから恐怖や不安が喚起される事態では同調傾向が強くなることが考えられる。

火災からの避難行動と同調

筆者は緊急事態からの脱出状況を実験的に設定して、脱出口選択の同調行動について分析した[9]。危機事態では１人の行動様式、たとえば脱出口の選択が他者の同様な行動様式を誘発しやすくなるものと考えられる。特に他者の信憑性、たとえば自分以外の誰かが正しい脱出ルートを知っているに違いないという認知が高い場合は、その傾向が強くなる可能性がある。それと同時に緊急事態では柔軟な思考ができなくなり、同じ行動に執着する傾向も強くなる可能性がある。

火災時に人々が同一の脱出口に向かって殺到し、そこで折り重なるようにして倒れていたという事例報告がある。たとえば1903年12月に起きたアメリカのイロキュオス劇場の火災では、火災それ自体はすぐに消し止められたにもかかわらず、人々が閉ざされた出口に殺到して将棋倒しになり600人にものぼる死者を出す惨事が発生している。(10) また1942年11月ボストンのココナツ・グローブ・ナイトクラブでも出口への人々の殺到によって488人の死者を出している。(11) わが国でも、1972年5月に発生した大阪千日前《せんにちまえ》デパートビルのキャバレー・プレイタウン火災では多数の人がエレベータやその他の限られた数の出口に殺到したことが明らかにされている。(12) この火災は死者118人を数える惨事となったが、後に再度取り上げる。

緊急事態の同調実験

危機事態における同調行動についてはいくつかの実験的研究も行われている。たとえば、ある実験では、「内耳の聴覚受容器の鋭敏さがショックによって受ける影響を調べるために、後で内耳に電気ショックを与える」という教示が与えられた（恐怖条件）。一方、無恐怖条件の被験者にはそのような教示は与えられなかった。その後「聴力テストにより基礎データを得る」という名目で被験者にクリック音を聞かせ、その数をカウントさせた。そこでまずサクラが回答し、その後、被験者がその回数を述べたのである。結果は、恐怖条件の被験者は無恐怖条件の被験者に比べて、サクラの回答のほうに自分の回答を近づけるという傾向が見られた。(13)

さらに、不安と生理的覚醒水準（緊張・興奮状態のレベル）と同調との関係について吟味した研究も行われている。なお、生理的覚醒水準の上昇は交感神経系の活性化により生起し、それにより、胸がドキドキしたり、呼吸が速くなったり、汗をかくなどの身体症状が現れる。

ここでは次の２条件が設定された。第１の条件は被験者に精神状態を変化させる薬物（塩酸クロルジアゼポキシド。脳の感情中枢に作用する抗不安薬で、アルコールを摂取したときのような症状をもたらす）が投与され、さらに被験者が相互に未知の人物であるという高覚醒条件（血液中の血漿《けっしょう》遊離脂肪酸の量によって測定）であった。第２の条件は被験者に生理食塩水を与え、さらに被験者相互が友人であるという低覚醒条件であった。その結果、自己評価による不安傾向が高い被験者が高覚醒条件に置かれたときに高い同調傾向が現れることが明らかになった(14)。

以上の諸研究は恐怖や生理的覚醒の高さが同調傾向を高めることを明確にした。しかしこれらの研究においてはすべて、同調行動それ自体が必ずしも直接的に恐怖や不安の解消をするのに役立つというものではなかった。たとえば先述したクリック音カウント行動の同調実験において、被験者がクリック音のカウント数をサクラの判断に近づけたとしても、それが電気ショックを避けるための直接的な手段とはなっていない。

脱出における同調と執着

一方、行動それ自体が直接的に恐怖の解消に結びついている場合の同調というのも考えられる。筆者が行った脱出ルートの選択行動はその一つである。この場合、もし他者が危険を避けるための合目的《ごうもくてき》的な行動（目標を追求する行動としては理にかなっている行動）をしていたとしたら、それに追従・同調をすることは、追従者に直接的利益を与えることになる。すなわち恐怖の解消につながるのである。この場合、同調行動が生起するか否かは、他者が合目的的な行動をしているものと追従者が判断するか否かに大きく左右されるものと考えられる。すなわち、「自分以外の誰かが正しい脱出ルートを知っているに違いない」という他者行動の信憑性に関する認知を集団のすべてのメンバーが強く持つか否かが同調行動の発生に影響を与えるであろう。このことは大阪千日前のキャバレー・プレイタウン火災のときに、逃げ回るひとかたまりの群集の先頭に出口を知っているはずだと思われていたマネージャーや古参のボーイがいたことが確認されていることからも示唆される。(15)

それから、危機事態・恐怖事態の行動の第2の特徴として、一定の同じ行動を続けようとする傾向、すなわち執着行動がある。このことを示す例としては、たとえばキャバレー・プレイタウンの火災時に、千日劇場との間のブロック壁を多数の人がつき破ろうとしてそれに固執したが果たせず、そこで10人にものぼる人々が亡くなっていることが挙げられる。(16)

またネズミを被験体とした実験によって、電撃の恐怖に動機づけられた場合の行動の「かたさ」についての報告もある。(17) なお、行動の「かたさ」とは、問題解決に役立たない行動を意味もなく繰り返すことである。

この実験では電撃の強度を0ボルト、100ボルト、264ボルト、700ボルトと変化させて、ネズミが逃げる方向（跳躍方向）にどれほど固執するかについて検討している。どの方向に跳躍しても電撃から逃れることが可能であったにもかかわらず、強い電撃が与えられる700ボルトの場合にはネズミは75・0%の率で方向への固執（同じ方向へ逃げる）を示した。264ボルトの場合は68・2%、100ボルトで40・8%と電撃の強度が弱まるにつれて固執率が低下した。

筆者が行った脱出ルート実験

以上述べた諸研究の結果をふまえて、筆者は恐怖の認知や他者行動の信憑性に関する認知が、脱出ルート選択行動における同調行動と執着行動にどのように影響するかについて検討した。

図3―2のようなブースが実験室に5個配置された。各ブースの中には1から3までのラベルがついた3個のボタン㋐（一つのボタンが一つの出口や脱出ルートに対応する）と、他者の脱出ルート選択の様子を提示するためのランプ㋑が組み込まれている装置が置かれた。図中のA、B、C、D、Eは被験者を意味し、1、2、3は脱出ルートの種類を表す。もし、ある瞬間に1のルートのランプが5個点灯すればA～Eの被験者5人全員が1のルートを選択していることを意味する。また赤㋓と青㋔のランプが組み込まれた装置（赤は危機、青は脱出成功を示す）、さらにはヘッドホン㋒と電撃用の電極が用意された。

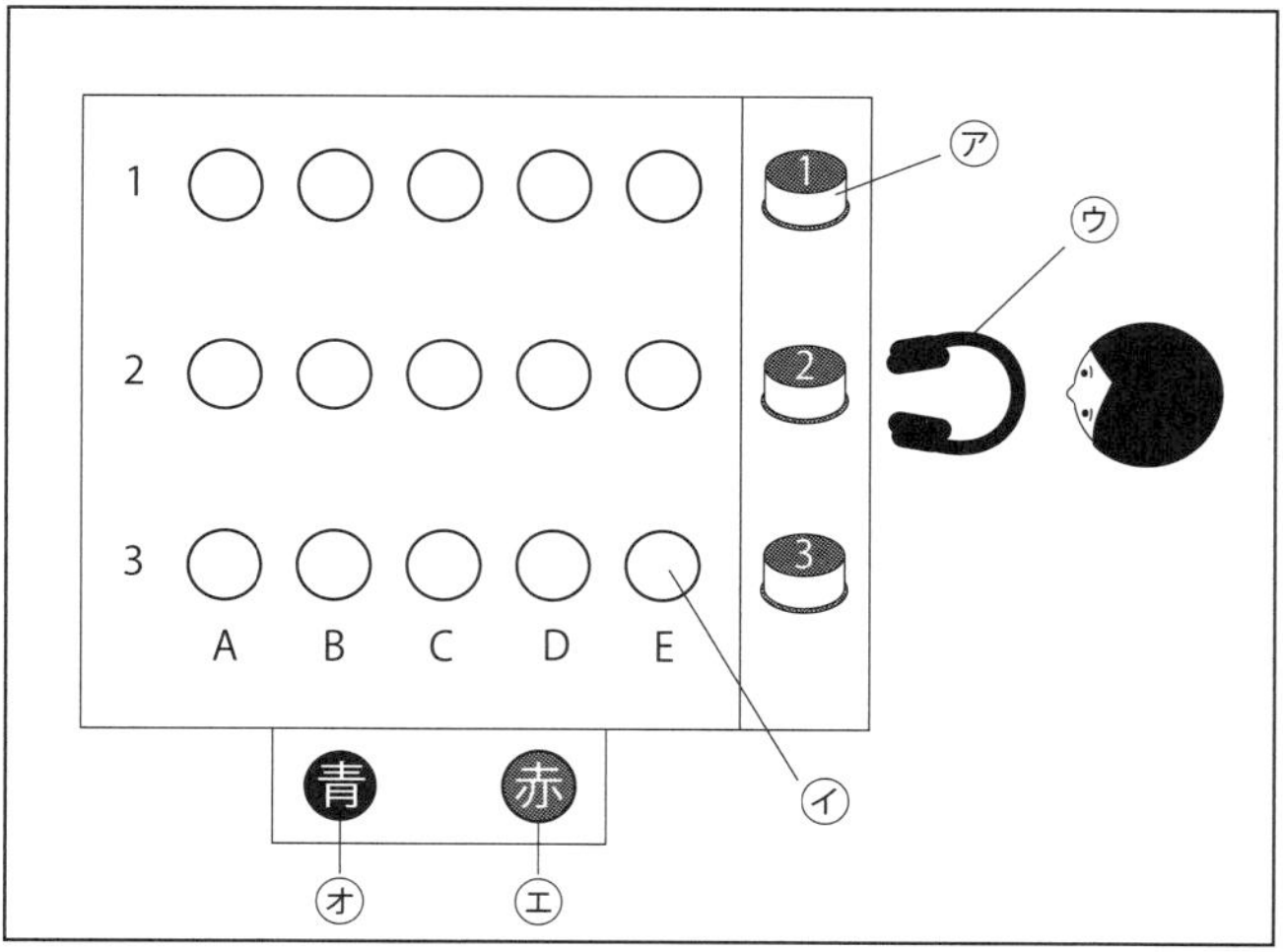

図3—2　同調行動分析装置

被験者5人はまず、互いに完全に遮断されるような箱型のブースに入れられた。被験者がブースに入った後「本研究は人々が危険な場面に置かれたとき、どのような事態が生じるのか、それを調べるための基礎研究です」という教示がマイクを通して与えられた。

各条件の操作は次のようにして行われた。恐怖条件では、利き手でないほうの手の第2指、第3指に電極を取りつけ、サンプルショック（80 VPPmax：交流電圧の最大電圧と最小電圧の差の最大値が80ボルト）を1回与えた。サンプルショックを与えた後に、「実際に実験で使用する電気ショックはこのショックの5倍の電圧レベルで、かなり痛烈で不快なものです。しかし危険なことは絶対にありません」と教示した。無恐怖条件では先述の操作をいっさい行わなかった。ある人々には「被験者の中には以前この実験に参加したことがあり、正しい脱出ルートを知っている可能性のある人が含まれています」と教示した（高信憑《こうしんぴょう》条件）。一方、残りの人たちには「被験者は全員が初めて実験に参加した人です」との教示がなされた（低信憑《ていしんぴょう》条件）。

実験開始とともに赤のランプ㋓が点灯する。この合図とともに被験者は3個のボタン㋐のうちから一つのボタンを選択して押下する。ランプ㋓は3秒間点灯し、その3秒間に被験者はいずれか一つのボタンを押さねばならない。10秒間隔でランプ㋓が点灯し、その都度被験者はボタンを押下する（ルート選択行動をする）。3個のボタンのうち一つだけが正しい脱出ルートであり、そのルートをたどれば、すなわちランプ㋓がつくたびに特定のボタンを一定回数繰り返して押せば脱出に成功するとの教示が与えられた。ただし実際には正しいルートは存在しない。また脱出成功に必要なボタン押下回数については具体的に教示されなかった。

自分が押下しているボタンが正しくないルートに対応しているものと被験者が思った場合は随時別のボタンに変更できる。ただし、もし正しいルートをたどっていて、あと少しで脱出に成功するというところまで来ていたとしても、途中で別ルートに変更した場合は、再び以前選択していたルートに戻ったとしても、再度そのルートの出発点から脱出を開始することになる旨が教示された。試行時間は5分であり、ボタン押下総数は30回であった。自分および他者のルート選択の様子はランプ㋑の点滅を通してリアルタイムで各被験者にフィードバックされた。

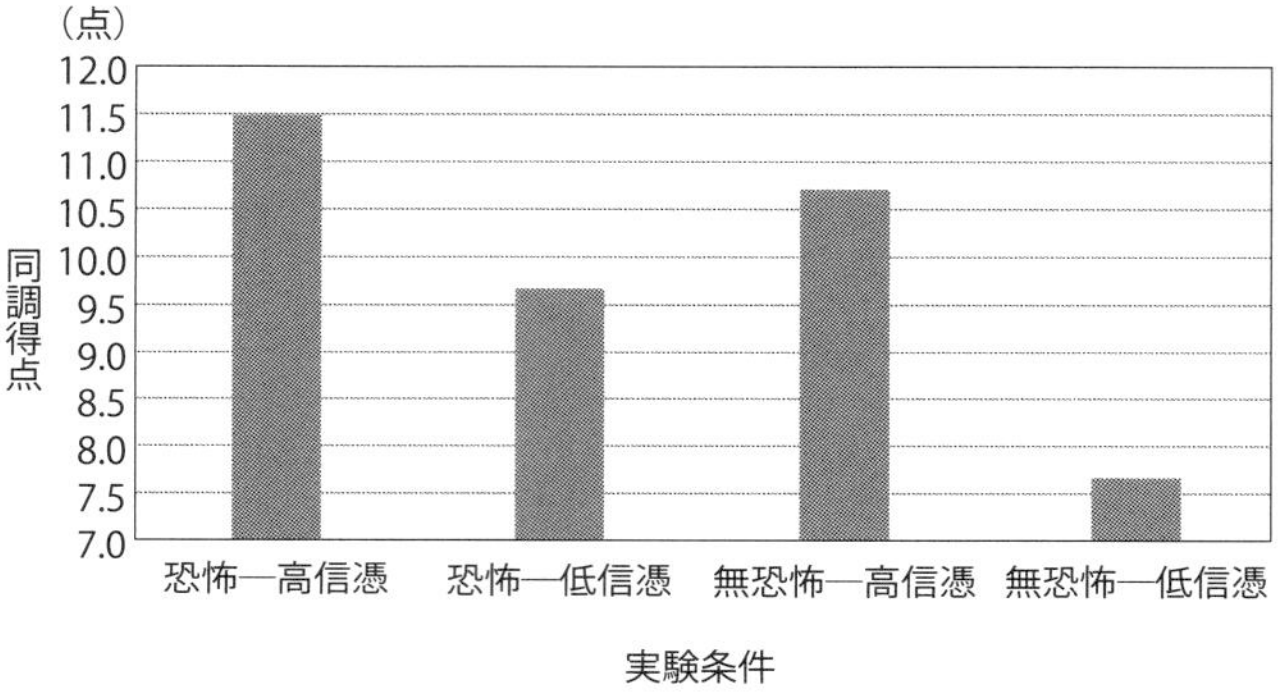

図3—3　同調行動に影響する恐怖と他者の信憑性

この実験から恐怖と他者行動の信憑性が同調傾向を高めることが明らかになった。次の図3—3は縦軸に同調得点、横軸に各実験条件を示したものである。同調得点は各被験者（5人）と同じ選択をした他の被験者の人数を加算したものである。たとえば被験者A、B、C、D、Eがそれぞれ1、1、1、2、3というルートを選択した場合を考える。この場合、Aと同じルートを選択した者はBとCの2人である。ゆえにAの一致得点は2点となる。Bにとっては同じルートの者はAとCの2人であるからBの得点も2点、CにとってもAとBが同じルートであるから2点となる。Dについては、Dと同じルートを選択している者は他に存在しないので0点、同じくEも0点となる。ゆえに同調得点はこの場合6点となる。ちなみに、被験者全員が他者の影響を全く受けずに、ただでたらめにボタンを押した場合の一致得点は確率計算の結果、6・67となる。ゆえに、この値よりも一致得点が高ければ

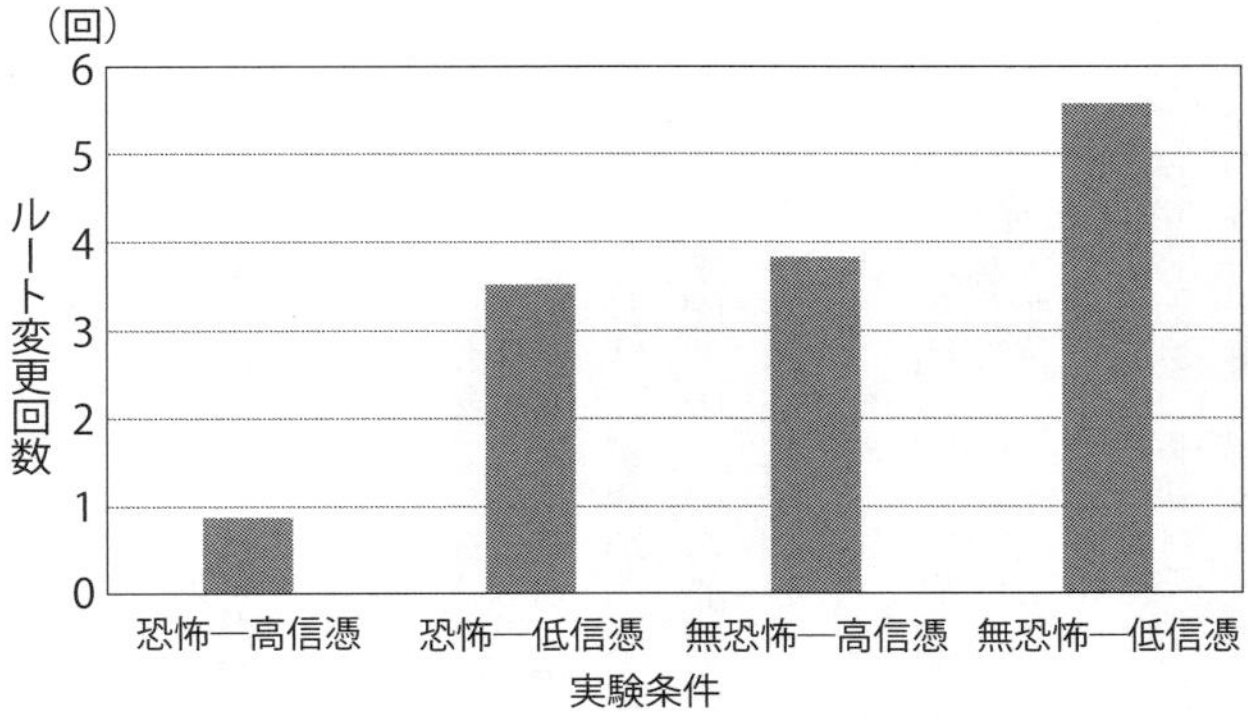

図3―4　脱出ルート執着に及ぼす恐怖と他者の信憑性

同調行動が生起していると推測できる。

この図3―3から同調行動に及ぼす恐怖と他者に対する信憑性の効果がわかる。それから図3―4は条件別の被験者1人当たりのルート変更回数を示したものである。この2つの図から信憑性が高い場合は同調傾向と執着傾向（ルート変更回数の少なさ）が強くなり、恐怖はその影響を強めることがわかった。このことから、危機事態では実際には集団のメンバーの中の誰一人として正しい脱出ルートを知らない場合でも、メンバーが互いに「誰かが正しいルートを知っているに違いない」と思い込んだ場合には一つの出口への集中殺到が生じやすく、またそれに執着することが示されたのである。もし、集団メンバーの中の1人が真に正しい脱出ルートを知っている場合は、それにより多数の人命が救われることになろうが、そのような正しいルートを知っている人が実際にはいなくて、しかもメンバーすべてが互いに「他の人は正しいルートを知っている可能性がある」と思い込んだ場合、閉鎖されている出口への、あるいは危険な方向への同調により悲惨な結末を迎える可能性がある。

5　集団規範による影響

内部告発

第3は規範的影響である。規範的影響とは、集団規範に従うことによってその集団に順応しようとするというものである。周りの人と異なる行動をすることによって集団の和を乱し拒絶されることを避け、集団から承認や賞賛を得ようとして同調が生じる。集団の中で生きていくためには、集団の中での常識や価値、態度や行動様式を身につけて、それに従うことが求められる。それゆえに人は集団のルールから外れるような行為をする場合は拒絶や爪弾《つまはじ》きされる恐れを抱きストレスを感じる。これを避けるために、内心では集団が間違っていると思っていても外面的には集団に従って異議を唱えることを控えることもある。

内部告発の困難さはこのようなメカニズムに由来している。企業や組織の不正行為は絶えず発生している。その原因の一つは、集団の中でのみ通用する集団規範が発生し、成員の行動がそれに拘束される（同調する）ことに由来する。「読売新聞」（2023年7月25日夕刊）に次のような内容の記事が掲載されていた。

中古車販売大手ビッグモーターの自動車保険の不正請求に関する報告書によれば、社長に対し、板金・塗装工場の従業員から当時の工場長の指示で、車体に傷を付けるなどの不正が横行しているとの内部告発があったということである。社長は告発した従業員に元工場長との関係改善を求めるばかりで、告発の真偽を真剣に調査する姿勢を示さなかった。結果的に告発をもみ消した。経営陣に忖度《そんたく》する企業風土があり、対象となる社員に弁明の機会を与えるなどの手続きを取ることなく、一方的な通告での降格が頻発していた。その結果、経営陣らの指示に何も考えずに従う風潮が広がったとされる。

独裁と服従・同調が会社の業績の急拡大という光をもたらしたのに対して、その陰には死屍《しし》累々《るいるい》という負の側面がある。内部告発には不正行為をやめさせるだけでなく、類似問題を抑止する効果があり、結果的に社会全体の利益を守るものとされる。[18]また内閣府国民生活局が行った調査によれば、内部告発を「望ましくない」と回答した人は１・８％にすぎず、ほとんどの人が「望ましい」、もしくは「やむをえない」と回答したことが明らかになっている。[19]しかし一方、実際に自分が所属している組織の不正行為を目撃した人の約64％が内部告発をしなかったということであった。[20]要するに、人々は内部告発を肯定的に捉えてはいるものの、実際に不正を目撃したさいの内部告発率は低いということが明らかになった。

不正行為に直面したときに採りうる選択肢は主に3種類ある（同調、拒絶、内部告発）と考えられる。内部告発者は告発後に告発の対象や告発先や世間とのやっかいなかかわりを持ち続けなければならない可能性がある。要するに内部告発にはコストがかかるのである。

権威からの不正行為要請に対する被験者の内部告発や同調行動を検討した実験的研究がある。(21)この実験では、実験者からの非倫理的要求に被験者がどのように対処するのかについて検討がなされた。非倫理的要求とは友だちに、危険を伴う感覚遮断の実験に参加するよう頼んでほしいというものであった。実験者は被験者に「この実験は人をパニックに陥れたり、認識能力を低下させたり、幻覚を生じさせたりするものである。しかし、友だちには実験が苦痛を伴うものではないと伝えてほしい」、さらに「あなた方学生の意見が大学の倫理委員会の印象に影響を与えるので聞き入れてもらいたい」と要請した。実験室の隣の部屋には倫理委員会が作成した用紙とメール・ボックスがあった。実験が倫理規程に反すると被験者が判断すれば、匿名で委員会に通報することができる仕組みになっていた。実験の結果、同調率は76・5％で非同調が14・1％、内部告発の割合はわずか9・4％であった。一方、事前に行われたアンケート調査（被験者以外の人が対象）では「自分は同調する」と回答した人の割合は3・6％であり、非同調31・9％で、「内部告発をする」と回答した人は64・5％にものぼった。この結果は、人々は自分の道徳性を過信し、状況の力を過小視していることを示している。

内部告発が行われにくいのは、右記のような告発する側の同調行動、つまり、内部告発を抑制する周囲の圧力（空気）が考えられる。人は、場合によっては立派な行いをする人の行動には嫌悪感を抱き、立腹することさえある。[22] なぜなら、自分が道徳的にそのレベルに達していないという負い目を持っているからである。人種差別的な行動が要求される実験課題を受け入れた人が、それを拒んだ人を後で見た場合、その人を嫌悪することを明らかにした研究もある。[23]

内部告発者は社会全体では賞賛されるが、組織内部では正義面《せいぎづら》した裏切り者としてスケープゴートにされることが多いのである。すなわち内部告発のような正当な行為は、告発しない内部者にとっては、自己の良心を傷つける行為であり、心理的脅威となるのである。

エスカレーターの右並び・左並び同調実験

規範的影響は内部告発のような深刻な事態ではなく、日常の何気ない状況においても現れる可能性がある。たとえばエスカレーターを利用するさいに左右どちらに立つかということに関しても規範の影響が考えられる。最近ではエスカレーターでは立ち止まって乗ることを利用者に義務づけた条例が埼玉や名古屋で施行されているそうである。しかし、今でも大阪では右に並んで左を空け、東京では逆に左に並んで右を空ける慣習が続いている。このようなインフォーマルな規範がどのようにして成立したのかについては、はっきりわかっていない。

エスカレーターのインフォーマル規範に反する行動を他者が示した場合、それにどの程度の人々が同調するのかを検証する野外実験を行った。[24] 実験は右並びの規範が強い大阪モノレール

Tokyo
Tokyo

図３—５　外集団成員を象徴するサクラの服装

の門真市《かどまし》駅（２００６年の調査では利用者のうち88％が近畿在住者）と、その規範が弱い大阪空港駅（２００６年調査では53％が近畿在住で関東在住が28％、その他の地域在住者が19％）で実施した。自然観察（実験前に行った調査）の結果は、門真市駅での左並びの割合は60人中５人（８・３％）、大阪空港駅では１４９人中41人（27・５％）であった。

実験対象となった乗客数は男性２７４人、女性２２３人であった。実験条件は規範の強さの違い（門真市駅vs.大阪空港駅）、サクラの人数（２人vs.７人）とサクラの特徴（内集団成員vs.外集団成員）であった。外集団成員条件では、サクラは東京から来たことがわかる同じTシャツを着ていた（図３—５）。内集団成員条件ではそのような特徴あるシャツは着ていなかった。実験は見渡しやすい上りエスカレーターで行われた。サクラは乗客がエスカレーターに足をかける直前に左側に立った。

このような条件を設定したのは、単なるサクラの人数だけでなく、サ

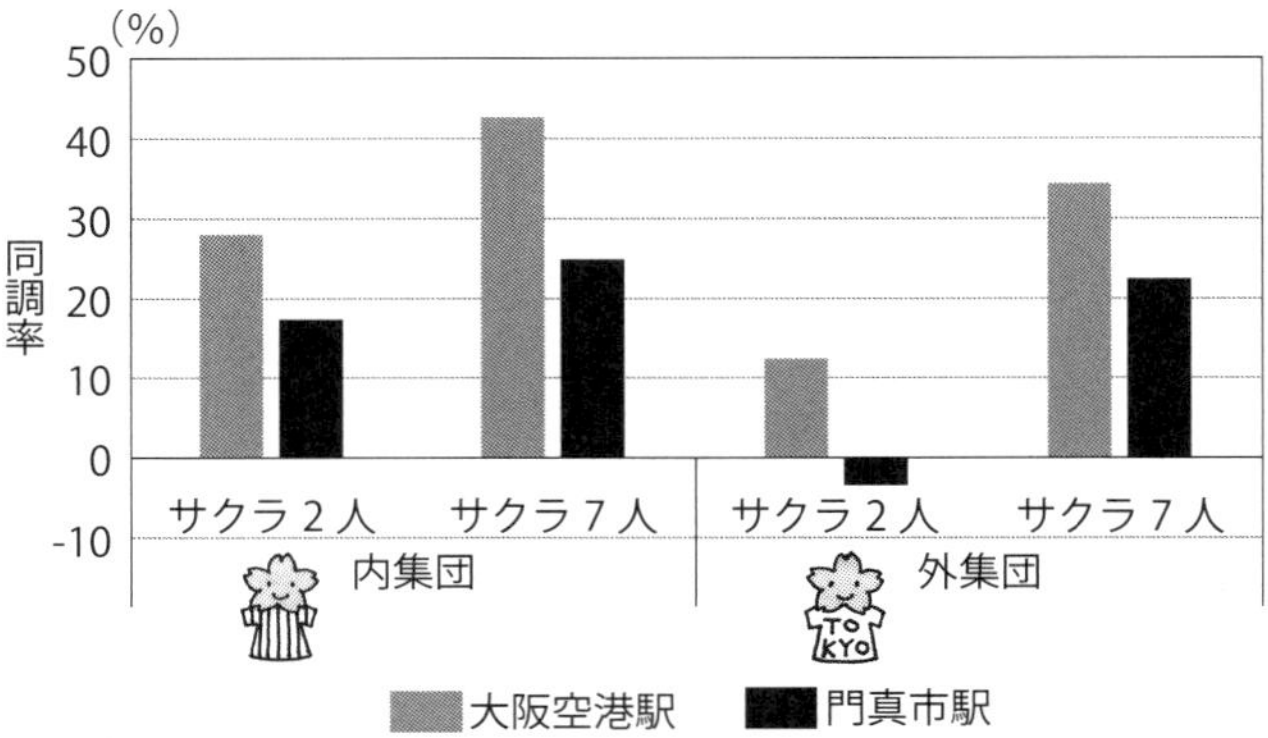

図３—６　エスカレーター利用者の同調率（自然観察データとの差）

クラの特徴が同調圧力に影響するのではないかと考えたからである。すなわち、外集団成員条件であれば乗客からサクラが自分とは異なる集団に所属する人だと解釈され、同調圧力が弱くなると思われた。

図３—６は実験データと自然観察データの差を示したものである。サクラの行動の正味の影響量がここに表示されている。以下のことが明らかになった。

①既存の集団規範が弱い大阪空港駅では、サクラの人数が２人から７人に増えると、内集団と外集団のデータを合算した場合の平均同調率は20・３％から38・４％になり18・１ポイント増加した。また集団規範が強い門真市駅の場合は７・２％から23・８％になり16・６ポイント増加している。サクラの人数が５人増えると、同調率はどちらも２割弱増加することがわかった。

②集団規範が弱い大阪空港駅の平均同調率は29・

４％であり、規範が強い門真市駅では15・５％であった。既成の規範が強い場合は同調圧がききにくいことが示された。

③サクラが内集団成員の場合の平均同調率は28・３％であり、外集団成員の場合は16・５％であった。サクラが外集団成員の場合には同調率が低くなることが証明された。

これらの結果はすべて統計的有意差が見出されたものである。人は既成の規範に拘束されると同時に、その場の同調圧の影響も受けながら、その微妙なバランスの上に立って行動していることが推測される。以上の現場実験によりサクラの集団サイズが増大すれば同調率は増大するが、既成の規範が強い場合や他者がよそ者であった場合は同調圧が低下することも示唆された。

第4章　現代日本人の同調の特色は何か

1　同調行動に影響する要因

アッシュ型同調実験

同調行動には時代や文化、性差や年齢などが影響すると考えられる。そこで筆者はアメリカの心理学者アッシュの実験方法を用いて、現代のわが国の同調傾向を明らかにすることを試みた。

アッシュの実験とは、集団サイズや集団成員の斉一性（皆同じ行動をすること）の効果を実験室実験で明らかにした古典的研究である。(1) 被験者は図4―1の左側のカードに描かれた線と同じ長さの線（A、B、Cのいずれか）を右側のカードから選ぶように教示された。サクラ（1～15人）は、前もってわざと間違った解答を一致して行うように実験者から言われていた。事

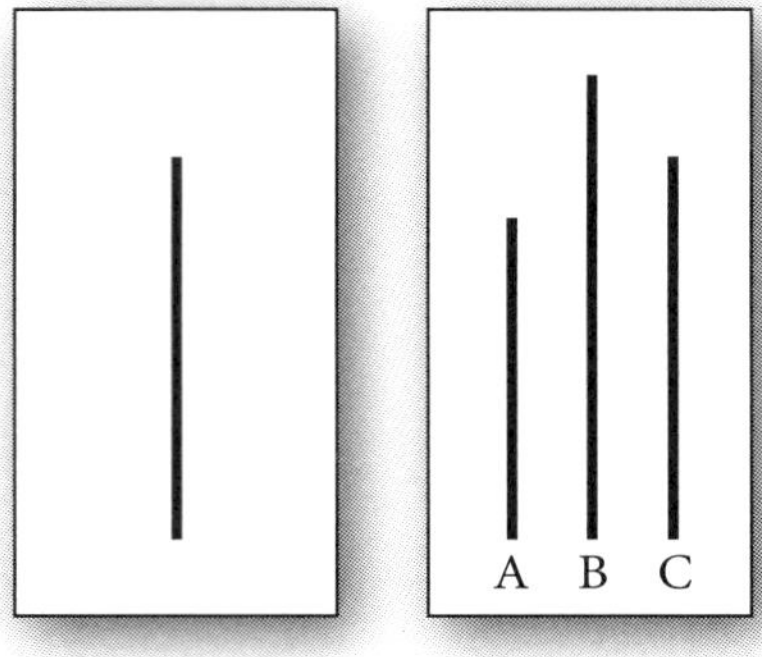

図4―1　アッシュの実験で使用されたカード

情を知らない被験者は、サクラが次々と間違った解答をするのを目のあたりにした後で解答を迫られたのである。

18試行のうち12試行でサクラの一致した誤った解答がなされた。実験の結果、サクラの人数（集団サイズ）によって同調率が変化した。サクラが1人の場合の同調率は3・6％、2人13・6％、3人31・8％、4人35・1％、6人35・2％、7人37・1％、9人35・1％、15人31・2％となった。ただし、正しい判断をするサクラが1人でもいると同調率は4分の1に低下した。他者の一致した判断や行動に人はいかに影響されてしまうか、そして他者から排斥されることをいかに嫌うのかをこの実験は見事に証明している。

時代と文化

最近、人口に膾炙《かいしゃ》している言葉に「空気を読む」「同調圧」がある。たとえば、「毎日新聞」2023年9月25日朝刊に「適度なわがままで」という見出し記事があった。

日本は同調圧力が強く、「空気を読む」「出る杭《くい》は打たれる」など同調を求める言葉に事欠かない。でもいつも周囲に合わせて生きていると、肝心の自分自身を見失い、どんなふうに生きたいのか、どうすれば充実した人生を送れるのかわからなくなってしまう。

日本人は、もっとわがままになったらいいなと思う。まわりに迷惑をかけるわがままは避けたいけれど、適度なわがままならもっと生き方の可能性が広がると思う。

もし、この記事が主張する通りだとすれば、アッシュの実験による同調率は日本のほうがアメリカよりも高くなることが予想される。ただし、アッシュの実験は1950年代に行われたものであり、実験実施から70年近く経過している。時代が変わればアメリカ人自身の同調傾向も変化することはありうる。アッシュの実験が行われた1950年代は赤狩りのマッカーシズムが吹き荒れていた時代であり、同調率は高かった可能性がある。しかし1974年にアメリカで行われた実験では同調率が低かった。その原因の一つにヴェトナム戦争に対する若者の反政府抗議活動の広がりがあり、そして1979年の実験での同調率再上昇は、学生運動の沈静化と職業や仕事にエネルギーを振り向けるようになったことが背景にあるかもしれない(2)。さらに、1980年代の同調率の低下はアメリカの大学の個人主義とリベラルな風潮、それから保守主義への蔑視の可能性がある(3)。要するに、人はその時代の子であり、時代の価値観から逃れられないということであろう。

もし、日本でもアメリカと同様の世相の変化が起きていたとすれば、同調率もアメリカと似たような変動が起きていた可能性がある。わが国も1960年代の後半から70年代の前半にかけて激しい学生運動が起きた。もし、日本の学生も時代の子であれば、この時代の同調率は低いことが予想される。実際アメリカ人の研究者による、慶應義塾大学の学生を被験者とした実験（サクラは3人）では同調率が低く、25%であった。[4] 実験が行われた1966年春の慶應キャンパスはまだ静かであり、学生は中流階級出身という自覚が強く学生運動にはあまり熱心ではなかった。ただし、この実験で見出された反同調傾向の強さは、社会や体制に対する不満と反抗心を反映していて、それはその後激しくなる学生運動と関連しているのかもしれない。[5]

性差と年齢

それから性差や年齢も同調率に影響していることが明らかになっている。先行研究によればアッシュ型の同調実験では女性のほうが男性より若干同調率が高いことが見出されている。[6] 特に、対面状況では女性は集団の雰囲気を悪くしないために同調する傾向があり、逆に男性は自分の立ち位置や他者との差異を明確にするために他者に迎合しないといった見方がある。[7] この傾向は特に伝統的な性役割を女性が意識すれば強くなることも明らかになっている。

年齢に関しては、思春期までは年齢を重ねるとともに同調率は上昇する傾向がある（社会規範が内在化される過程）が、それを過ぎると低下することを示した研究がある。[8] 特に高齢者の同調率が低下するのは、他者が自分をどう思うかといったことをあまり気にしなくなり、他者への関心が低下することや、自信の増大、確固たる信念の保持といったことが考えられる。一方、アッシュ型の知覚判断課題の場合は、視力の衰えによる自信の低下により同調することもありうる。

現代日本人の同調傾向は低いのか

それでは現代の日本人の同調傾向はいかがであろうか。日本のような集団主義の文化では空気を読んだり同調圧が高くなったりするので、欧米のような個人主義の文化より同調率が高くなるという予想のもとでメタ分析（複数の研究結果を収集し、分析すること）が行われている。[9] それによれば予想に反して、アッシュ型の課題を使用した実験の場合、わが国における同調率のほうがアッシュの実験結果より低いことが明らかになった。わが国において、論文の形でまとめられているアッシュ型の実験は少なく、そのほとんどが１９７０年から80年代に実施されている。日本における実験の結果は、同調率の最大値（サクラが３人の場合）は27・８％であり、最低値は18・２％であった。さらに日本で２０１０年代に行われた実験によれば、同調率は０・５％から28・７％であった。[10] それに対してアッシュの１９５１年の実験結果はサクラが３人の場合33・３％、１９５５年実験では31・８％であった。[11・12] このように日本人の同調率が低いことについて、日本人は欧米人と比べて内集団と外集団の差が大きく、内集団成員に対する同調率は高くなるが、見ず知らずの人である外集団成員に対する同調率は低くなったのではないかと推測する研究者もいる[13]。

この考察は理解できる面もあるが、それよりも、筆者は日本で行われた実験の同調率の低さは主に被験者の特質に起因しているのではないかと考えた。先に述べた１９６６年に行われた実験の被験者は慶應大学の学生であり[14]、２００８年実施の実験の場合は40人の被験者のうち38人は東京大学の学生[15]、さらにその他日本で行われた実験の被験者は、筑波《つくば》大学、大阪大学の学生であった。被験者の特殊性が結果に反映されていた可能性は否定できない。そこで、筆者らは２０１５年に一般の人を対象に実験を行った[16]。被験者は一般成人男性１００人（20〜69歳、平均年齢41・１０歳、職業多様）と一般成人女性１０７人（21〜68歳、平均年齢44・６２歳、専業主婦も含めて職業多様）合計２０７人であった。それからアッシュ型実験では、一般に女性のほうが同調する傾向のあることが指摘されているが、これについては反論もあり、明確ではない。そこで本研究では、性差、集団サイズ、さらに年齢の効果についても検討した。さらに、従来の実験では取り上げられていない「判断に要した時間」についても分析した。迎合型の同調であれば、集団サイズが増大するほど同調時の判断時間は短くなることが考えられる。

2　筆者が実施した同調実験

実験の方法

募集するさいのタイトルは「情報伝達実験並びに知覚実験」とした。募集時に実験の目的を悟られずに、同調実験の知識を確認するために左記の複数の項目の知識の有無を確認した。アッシュの同調実験について知っている応募者はいなかった。

監獄実験　認知的不協和　古典的条件づけ　オペラント条件づけ　リスキーシフト　集団浅慮　リーダーシップPM理論　服従実験　アッシュの同調実験　ミューラー・リヤー錯視　コミュニケーション・ネットワーク　社会的手抜き　ゲシュタルト心理学　囚人のジレンマゲーム

実験室には白板上に標準刺激用のカードと比較刺激用のカードが貼られていた。標準刺激用のカードには1本の線、比較刺激用カードには3本の線が描かれていた。被験者は標準刺激の線の長さと同じ長さの線を比較刺激の中から選択した。そのさいにサクラは全員一致して誤った解答、ないしは正しい解答をした。試行は表4―1に示されているように、全部で12回であ

表4―1　各試行における多数者（サクラ）の比較刺激選択反応

試行	標準刺激（単位 cm）	比較刺激（単位 cm）			サクラの選択	正誤
		A	B	C		
1	19.05	12.70	14.61	19.05	C	正
2	12.70	16.51	17.78	12.70	C	正
3	20.32	20.32	17.78	15.24	B	誤
4	8.89	9.53	12.70	8.89	A	誤
5	22.86	17.78	22.86	27.94	B	正
6	16.51	16.51	13.34	19.05	C	誤
7	13.97	11.43	13.97	10.16	A	誤
8	4.45	6.99	8.26	4.45	C	正
9	6.35	10.16	6.35	8.57	C	誤
10	21.59	21.59	26.04	27.94	B	誤
11	2.54	7.62	2.54	5.72	B	正
12	11.43	11.43	8.89	13.97	C	誤

り、そのうちサクラの正答が5回であり、残りが誤答である。同調率はサクラの誤答と同一の解答をしたか否かで決定された。

実験室には刺激用カードを前面に置き、それを中心にして八の字型に机を配置した。机の前面には高さ140センチの衝立《ついたて》を配置した。被験者が起立すれば、前方を視認することが可能であった。この衝立は被験者が刺激用カードを見てから解答するまでの反応時間を測定するために設けたものである。実験は同性集団で実施された。

それから、従来の実験にはない新規の方法は、被験者もサクラになったことである。これはサクラの数を節約しながら、集団サイズの効果を見るために考案したものである。たとえば集団サイズが8人の実験の場合は、被験者は1人であるにもかかわらず

A
A
A
ABC
A… なの
かも？

7人のサクラが必要である。筆者が行った実験では最初サクラを含めた2人集団から始めて1人ずつサイズを増やし最終的に8人集団を形成した。具体的方法は次の通りである。

最初に被験者7人が待合室に集合したところで、サクラを含めた8人にくじ引きをしてもらい、実験参加順を決定した。サクラは1番の番号札をひそかに握っていて、1番になるように仕組まれていたが、被験者の順番はくじの番号で決定した。順番決定後、実験者はサクラと2番の被験者を実験室に案内した。そして、1番（サクラ）を左端の椅子に座らせ、被験者をその隣に座らせた。その後2人を起立させ次のような教示を行った。「まず第1に知覚実験をします。ここに黒い線が引いてあるカードがあります。左のカードには1本の線が引いてあります。これを標準線とします。右のカードには長さが違う3本の線が書いてあります。そして一つ一つの線に順番に記号が書いてあります。そのうちの一つは左の標準線と同じ長さです。同じ長さのものがどれであるかを答えてください。そしてそれを記号で言ってください」

練習としてサクラと被験者に1回だけ解答させた。そして次の教示を行った。「全部で12回そのような判断をしてもらいます。1人ずつ順番に解答してもらいます。私が番号を言いますので、その番号の人は立ち上がって、解答してください。解答した後も座らないで立ったままでいてください。できるだけ正確に、間違わないようにお願いします。左から順番にお願いします。それでは1番（サクラ）の人から」

サクラは近くの壁に貼ってある1ヵ月間表示カレンダーの日付（1～12日）の下に小さく書

いてある記号（L、M、R）を横目で見て、自分がすべき発言を確認した。たとえば１日のところにLが書いてあればサクラは１回目の試行では一番左の比較刺激である「A」と解答する。２日のところにMがあれば２回目の試行では真ん中の比較刺激である「B」と解答する。Rの場合は一番右である。第12試行（最終回）の被験者の解答終了後、被験者に対して、実験は同調実験であったこと、これからの試行では、他の人と同じ解答をしてもらうことを伝えた。今

図４―２　上・同調実験における机と衝立と刺激図の配置、中・後方から見た同調実験の様子、下・前方から見た同調実験の様子

後被験者が解答するさいには、立ち上がって、刺激用カードを見た後、約3秒後に先に解答した人と同じ解答をするように伝えた。要するに2番の被験者にサクラの役割を演じてもらうように要請した。十分に説明した後、3番の被験者を実験室に招き入れた。そしてサクラが2人の場合の実験を開始した。この手続きを繰り返して、最終的にはサクラ7人、被験者が1人の集団サイズの実験を実施した。図4―2は実験室と実験の様子を撮影した写真である。

実験結果――集団サイズ、年齢差、性差と同調率や判断時間の関係

実験の主な結果は図4―3、図4―4、図4―5に示されている。図4―3は集団サイズと性別の違いによる同調率の変動を示したものであり、図4―4は年齢と性別の違いによる同調率を示したもの、図4―5は集団サイズと性別の違いによる判断に要した時間の変動を示したものである。統計分析の結果、次のことが明らかになった。

①集団サイズが大きくなるほど同調率が上昇すること。
②全体的な性差が存在すること（男性40%、女性48%）。
③性別と集団サイズの両要因が同調率に影響していること（サクラの数が3人までの集団サイズ小のとき、男性24%対女性25%で差はないが、集団サイズがそれ以上になると、男性52%対女性65%となり差が顕著となった）。

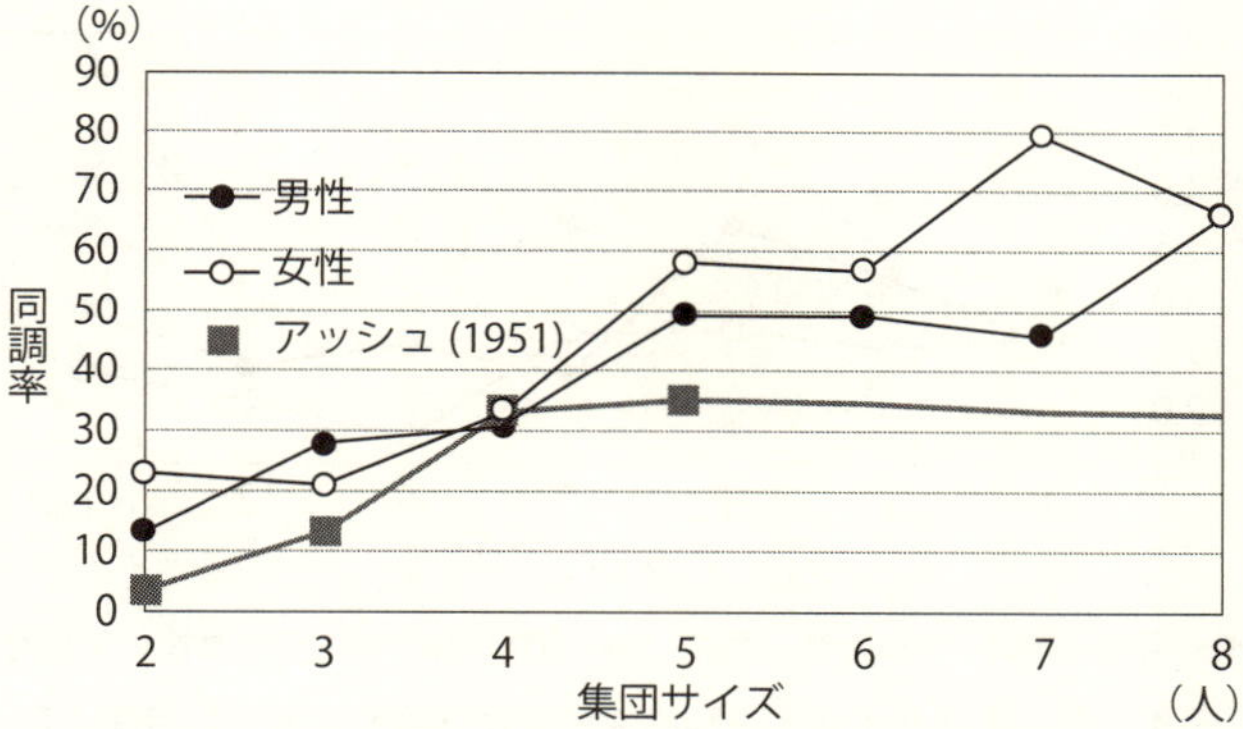

図４―３　集団サイズと性別の違いによる同調率の変動

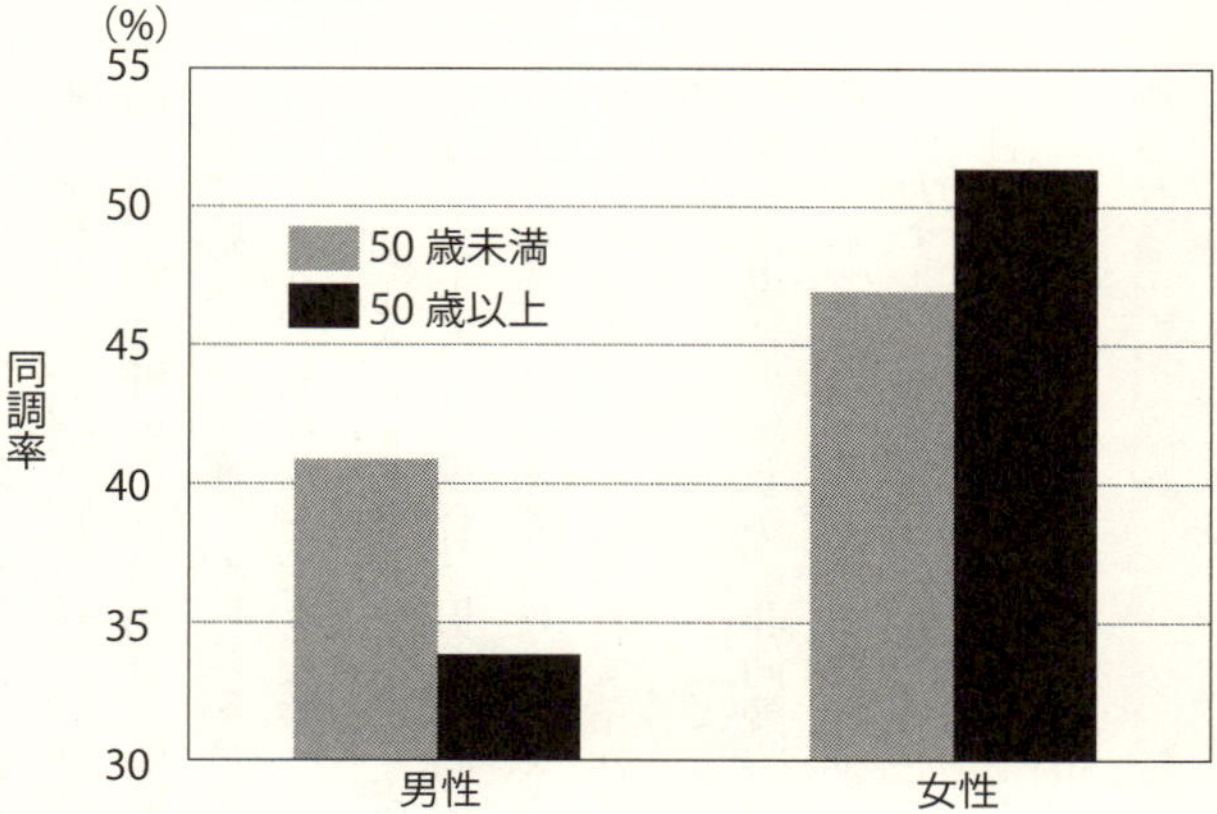

図４―４　年齢と性別の違いによる同調率

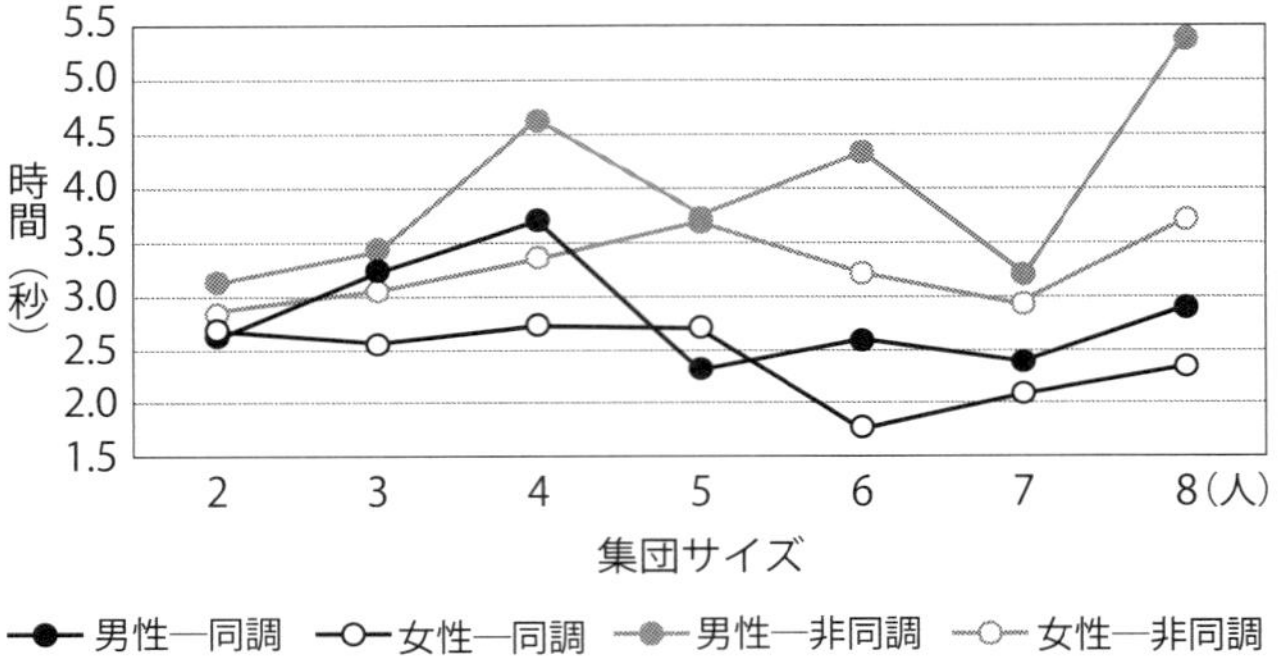

図4―5　集団サイズと性別の違いによる判断に要した時間の変動

④年齢と性別要因に関連が見出された。すなわち高年齢（50歳以上）の女性では同調率は51％となり結構高いが、高年齢の男性の場合は34％にすぎない。また若年齢（50歳未満）の同調率は男性41％で女性は47％であり、それほど大きな差はなかった。

⑤判断に要した時間に関しては、集団サイズが2人（サクラが1人）の場合、男女や同調・非同調といった条件の違いによる差はほとんどなかったが、集団サイズが大きくなるにつれて条件による差が顕著になった。

⑥同調した場合のほうが、非同調時より判断に要した時間が短く、かつその差は集団サイズの増大に伴って拡大することが明らかになった。

⑦女性のほうが全般的に判断に要した時間が短く、他者に同調して躊躇せず判断する傾向があることが推測される。

以上の結果から、次のことがいえるであろう。

①本実験はアッシュの実験結果と異なり、集団サイズが4人を超えた場合でも、そこで同調率が頭打ちになることはなかった。集団サイズが7〜8人の場合には同調率は70％程度になり、天井近くまで高くなった。すなわち、一般人を対象としたこのタイプの実験では、同調率はかなり高いことが明らかになった。

②高年齢の女性は同調率が特に高かった。一方、男性は高年齢者のほうがかえって同調率が低かった。女性は年齢を重ねるとともにその場の空気を読み、素早く躊躇なく同調する迎合型（判断に躊躇しないタイプ）が現れやすくなり、一方男性は信念貫徹型か天邪鬼型の人が顕在化することが考えられる。

③集団サイズが増大し、集団圧力が大きくなるほど、迎合型が増えるために同調時の判断時間は短くなることが推測される。一方、信念貫徹型や天邪鬼型の反応は集団サイズが大きくなるほど難しくなることを反映し、非同調時の判断時間が長くなっているのかもしれない。

被験者の述懐

このような迎合型、信念貫徹型、そして内在化型の存在は、次に記している被験者の内省報告からも推測される。

①内在化型

直観に従えば、間違わなかったと思われる。しかし、前に解答した2人の間違いに、自分の直観が信じられなくなり、何回も見直すと間違った解答のほうが、正解として見えるようになった。（男性、54歳、自営業）

②信念貫徹型

前の人が答えたことを聞いて、自分も同じことを言うべきか悩みました。そして、正しい答えを言うべきだと思いました。（男性、35歳、アルバイト）

自分の答えが間違っていると一瞬不安になった。でもやはり思ったことを答えるスッキリさが上回った。（女性、38歳、主婦）

皆と違う答えを言うのはつらかった。目が悪いのでとても疲れた。（女性、51歳、主婦）

③迎合型

周りにつられて答えてしまった。正しい答えと違っていたと、後で悔やんだ。（男性、21歳、大学生）

前の人の答えに合わせてしまった。前の人と違う答えを言うのが怖かった。（男性、34歳、無

職)

周りの人が同じ解答をするので、合わせた。周りの場の空気を乱したくなかった。自分を安心させるため。(女性、33歳、事務)

こんな実験があるとは思いませんでした。周りに惑わされ、本当のことが言えませんでした。(男性、54歳、会社員)

人に合わせてしまった後いやな気分が続いていた。(女性、46歳、主婦)

自分が周りに合わせてしまう性格だと思い知らされた。(女性、21歳、会社員)

周りの解答に合わせており自分が事実を言っていないことに戸惑った。(女性、28歳、派遣社員)

その他、次のような感想を述べた被験者もいた。

はじめはマジックかと思いました。(男性、49歳、自営業)

とても興味深い心理実験に参加させていただきました。私自身このような心理が働くのだと(公共の場の中で)、大変人生の勉強をさせていただきました。(女性、46歳、主婦)

実におもしろい。普段の生活の中でも人が言ったことに対して皆が同じように言ったら自分も間違っていても合わせたかもしれない。自分の言うことに対して責任も持たなければと思っ

た。（女性、58歳、ダンス教師）

第5章　同調行動はどのように拡散するのか

同調行動はこれまで述べてきたような暗黙的影響、情報的影響や規範的影響などの影響過程を通して伝わるのであるが、これらのプロセスに関する実験的研究はほとんど行われていない。ただし、流言や流行などが拡散・消長する過程に関するモデルは複数存在する。流言・流行は他者の言動に影響されて自分の言動をそれに合わせることによって生じるという意味で、まさに同調行動であると考えられる。

1　ロジスティック・モデル

このようなモデルの中で古典的かつ代表的なものが次のように表現されるロジスティック・モデルである。(1)

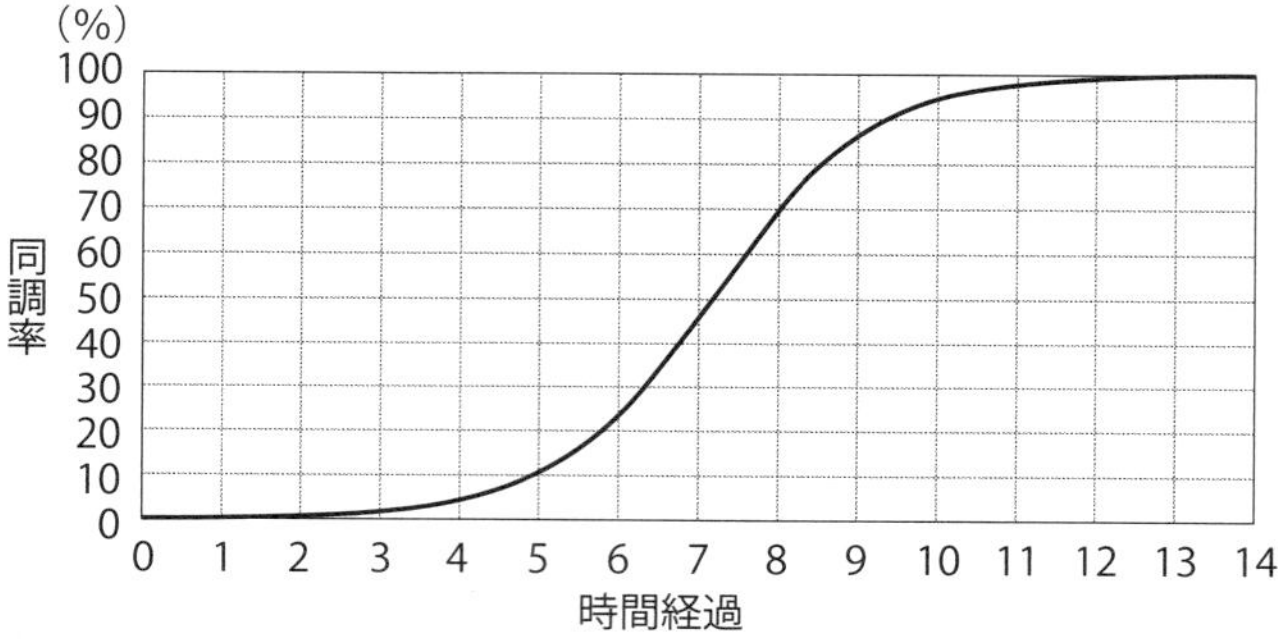

図5―1　時間経過と同調率

$$\frac{dp}{dt}=kp(1-p)$$

$\frac{dp}{dt}$は要するに、ある瞬間の拡散する速度を示す。この微分方程式のkは定数で、tは時間である。kの値が大きいほど同調の拡散速度は大きくなる。pはたとえば、すでに同調している人の割合とすれば、$1-p$は同調していない人の割合となる。つまりこの式は同調者と非同調者が遭遇して、相互に作用することを意味している。pがゼロのとき、すなわち全員が非同調者のとき、$p(1-p)$の値もゼロとなり、この関数の接線の傾きはゼロ（水平）となる。逆に$1-p$がゼロのとき、すなわち全員が同調したときも$p(1-p)$の値がゼロとなり、接線の傾きはゼロとなる。全員が同調しているときは同調行動がそれ以上広がることはないのである。約半数が同調していて半数が非同調の状態のときが$p(1-p)$の値は最も大きくなり、接線は右上がりとなる。

この関数を示したものが図5―1である。この図に示されているように最初、同調行動はゆっくりと広がるが、途中で急激に広がり、最後は頭打ちになる。ただし、すべての同調行動が図5―1の曲線で示されているようになめらかに広がるのではなく、爆発的に拡散する転換点があることを主張する研究者もいる。(2) たくさんの人とつながりを持ち、影響力を発揮するいわば「拡散者」「放送局」「インフルエンサー」の役割を果たす人が想定されるのである。

2　同調の広がりに関する実験

そこで筆者らは集団全員の選択が一致し、同調が完成する過程についての実験を行った。(3) ここでは、最初の選択の分布（初期条件）が同調完成過程にどのように影響するか検討した。初期条件が偏っていないほど（被験者の選択がバラバラで不揃《ふぞろ》い度が大）、同調完成までに多くのプロセスを要し、時間（試行数）がかかることが推測された。それから、同調完成に至るプロセスは、先に述べたロジスティック・モデルに一致するか否かについても検討した。

同調はどのように完成するか

被験者は84人の男子学生と84人の女子学生であった。12人からなる集団（男女同数）が4集団と24人からなる集団（男女同数）5集団が構成された。初期条件は特定の色（たとえば赤）のカードを掲げている被験者数が50％、カードの裏側にぬられた別の色（たとえば黒）のカードを掲げている被験者数が50％の、1：1（不揃い度大）条件と、約67％と約33％の2：1（不揃い度中）条件、約83％と約17％の5：1（不揃い度小）の3条件であった。

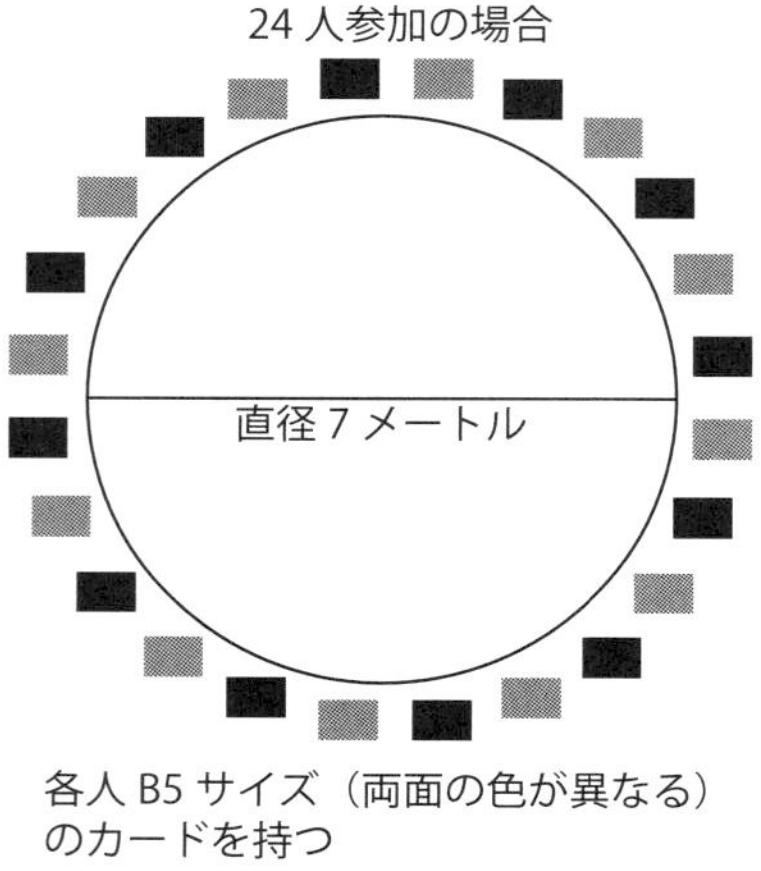

図5―2　同調の広がりに関する実験の被験者24人が掲げるカードの配置図

実験は体育館で行われた。図5―2に示しているように、被験者は直径7メートルの円状に着席した。この図は集団サイズが24人で初期条件が不揃い度大の場合である。ある初期条件（たとえば不揃い度大）のもとで同調が完成すれば、次は別の初期条件（たとえば不揃い度中）、そしてさらに残る一つの初期条件で実験が続行された。各初期条件の同調完成回数は6回（全体では18回）とした。すなわち、各初期条件について6セットの実験を実施した。同調完成ごとに、カードの色を変更した。これは同じ色を同調完成色として固定しないようにするためである。被験者には次のような説明がなされた。

「皆さんに、表と裏の色が異なるB5サイズのカードをお配りしています。全員一斉にどちらかの色を円の中心に向かって掲げていただきたいのです。たとえば赤と黒のカードの場合、最初ぱっとカードを出したとき、赤を出す人もいれば黒を出す人もいると思います。そしてその状態からグループ全員が赤なら赤、黒なら黒で一致するようにグループ内の他のメンバーの状態を見て、色を変えるか、またはそのままにしておいて全員一致するように試みてください。なるべく早く全員一致の状態を作ってください。実験が始まってからは私語をいっさい禁止します。テープレコーダーの「はい1回」という合図で実験開始ですのでカードを円の中心に向かって出してください。最初に何色を出すかについてはこちらで決めるので、1回目だけは決められた色を出してください。「はい2回」の合図からは、周りの状態を見て自分の判断で色を決めて出すようにしてください。各試行の間隔は3秒なので合図があったらなるべく早くカードを掲げてください」

このような説明の後、実験がスムーズに進行するように練習試行を行った。

同調が進むと雪崩を打って完成する

実験の結果、図5―3に示しているように初期条件の違いが同調完成までに要した試行数に

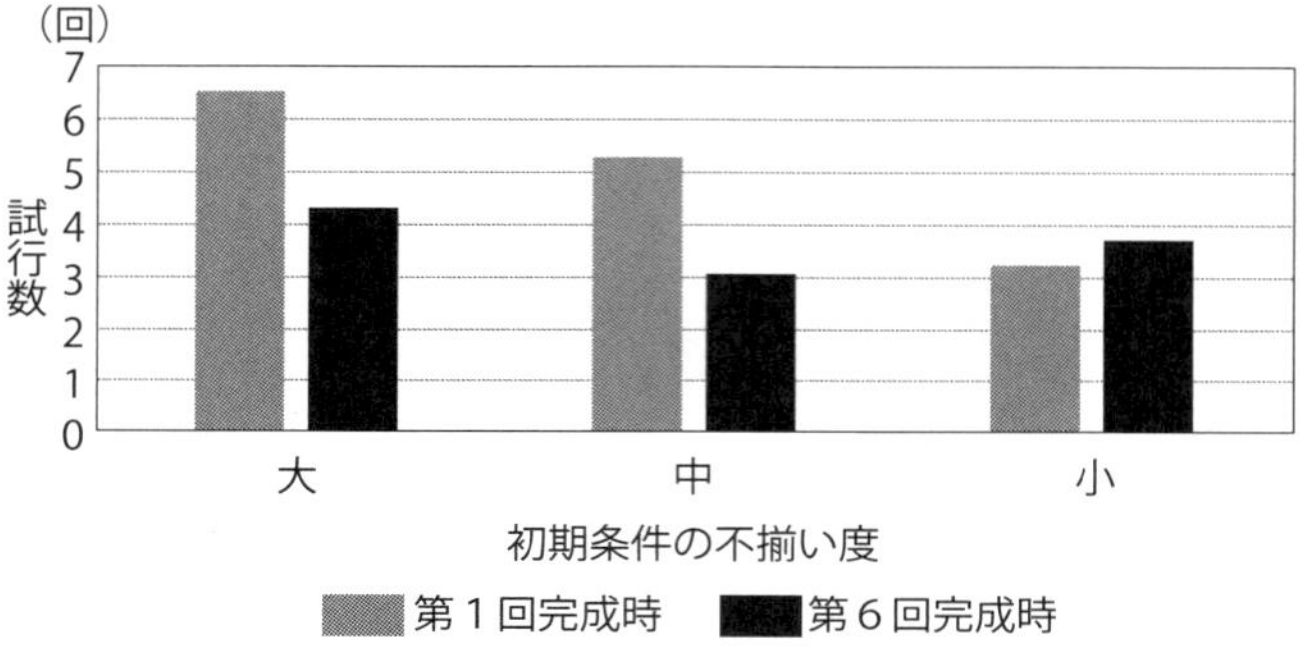

図５—３　同調完成までに要した試行数

影響することが明らかになった。また、特に不揃い度大と中の条件では経験の効果が大きく、実験を繰り返すにつれて同調完成までの試行数が減少し、スムーズな一致が見られるようになった。

次に、不揃い度大（初期状態が表裏同数）の条件における、同調完成プロセスについて分析した。図５—４の横軸はある瞬間の同調の割合を示している。０・５以上の場合は同調完成時に選択されていたカード面（たとえば表）の選択割合が多いが、０・５以下の場合は同調完成時の選択カード（表）と異なるカード（裏）の選択割合が多いことを意味している。縦軸は同調方向への変化確率を示している。先述したロジスティック・モデル、

$$\frac{dp}{dt}=kp(1-p)$$

が成立すると考えて分析した。実際このモデルは他のモデ

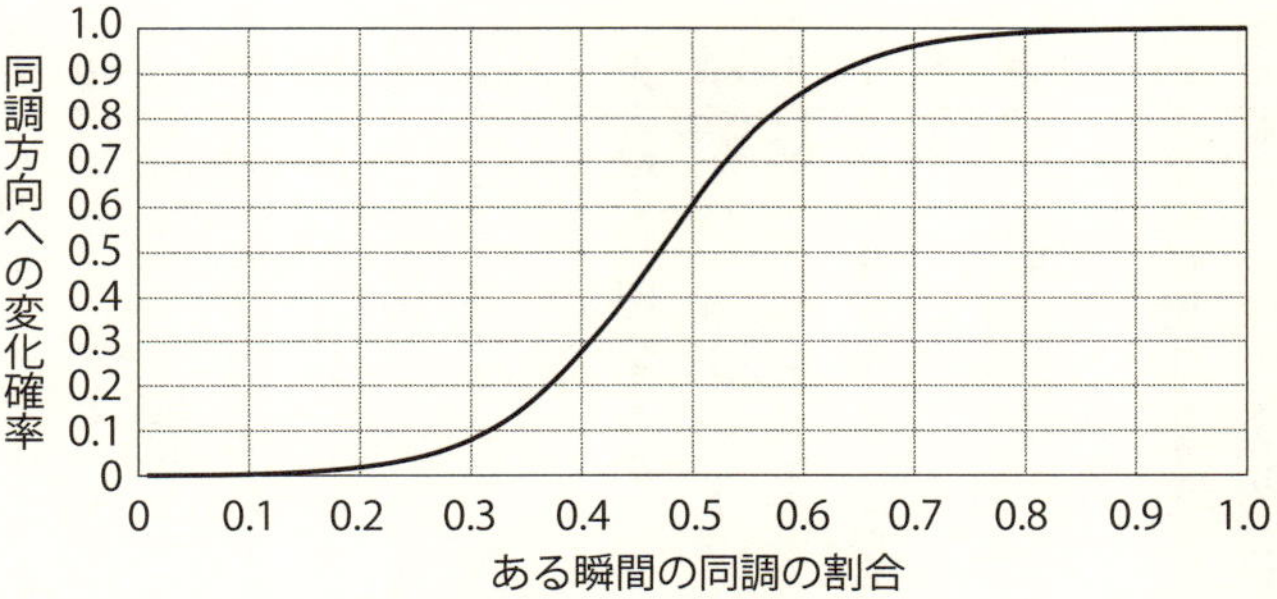

図5―4　同調の割合と同調方向への変化

ル（直線モデルや3次関数モデル）よりもデータとの適合度が高かった。図5―4は右記の微分方程式を解き、実験データに基づいて（最小2乗法により）定数kを決定し、得られた解、

$$y=\frac{\exp(14.21p)}{776.12+\exp(14.21p)}$$

をもとに描いたものである。

この図5―4より、同調の割合が半々の地点から少し離れると、その方向へ雪崩を打って収束することがわかる。同調行動の拡散・消長はこのようなプロセスをたどることが考えられる。

3　大集団での同調は？

そこで筆者らは、100人以上の大集団のメンバー（被験者）が他のメンバー（同じ部屋にいる他者であると被験者が思い込んでいる架空の人々）の行動を観察することによってどのように影響されるのかを調べた。[4] 具体的には、架空のメンバーが3つの図形のうち最も大きいと思うものを選択するといった、いわば人気投票を行った。人気投票の票の伸びの様子を示した動画は実際のものではなく、実験者が作成したものであった。

票の伸び方として、ロジスティック的（実験の後半に加速度的に票が増加する）パターンだけでなく、直線的（一貫して票が増加する）パターン、あるいは減速する（実験の後半に伸びが頭打ちになる）パターンの3種類を設定した。

大人数でも同調するか

実験には101人の大学生が参加した。使用した機材はKEEPAD社のResponseCard（テンキーのリモコン）101台である。これは、被験者が持っているリモコンからの信号をコンピュータのUSBポートに差し込まれたレシーバーで受信して、被験者の反応を記録できるものである。

最初に被験者に対して、このシステムがリアルタイムで全員の投票結果を集計し、前面スクリーンに提示できるものだと説明した。そして、「本日は普段の授業に使用する新しいシステムが正常に作動するかどうかの確認作業をする」という偽の教示を行った。次の図5―5は提示されたスライドである。被験者に与えられた課題は、スライドに示される3つの円のうち最も大きい円がどれかを選択することであった。

そして被験者に対し「機器の受け付け能力の関係から解答順にA、B、Cの３グループに分ける」旨の説明を行い、グループを示すアルファベットが記載されたB５の用紙を記載内容が見えないように４つ折りにして配布した。実際は、全員の解答順は最後のグループCであった。全員グループCに所属していることが被験者に悟られないように、被験者が所属していないグループ（AとBの架空のグループ）が解答している間は、ボタン９を１秒に１回程度の頻度で連打させた。

各グループに与えられた解答時間はそれぞれ10秒であり、10秒ごとに各グループを示すスライド上のアルファベットを変化させた。被験者は、実験開始から10秒間はAグループが解答し、開始後10秒から20秒はBグループが解答し、開始後20秒から30秒はCグループ（自分たち）に割り当てられていると思っていた。実際は全被験者がグループCに配属されるため、解答時点はグラフのスライドを提示してから20秒後以降（以下の図５―５のグループCの最初のスライド⑬）であった。被験者はCグループの順番が来たらすぐに解答するように教示されていた。そのため被験者の78％は20秒から23秒の間に解答した。

実験刺激として用いたグラフは、解答時点、すなわち実験開始後20秒時点での各選択肢の得票数が同一になるよう作成された。これは得票推移パターンの効果を観察するためであった。スライドには３つの選択肢の推移パターンが同時に提示された。一つのスライドの提示時間は

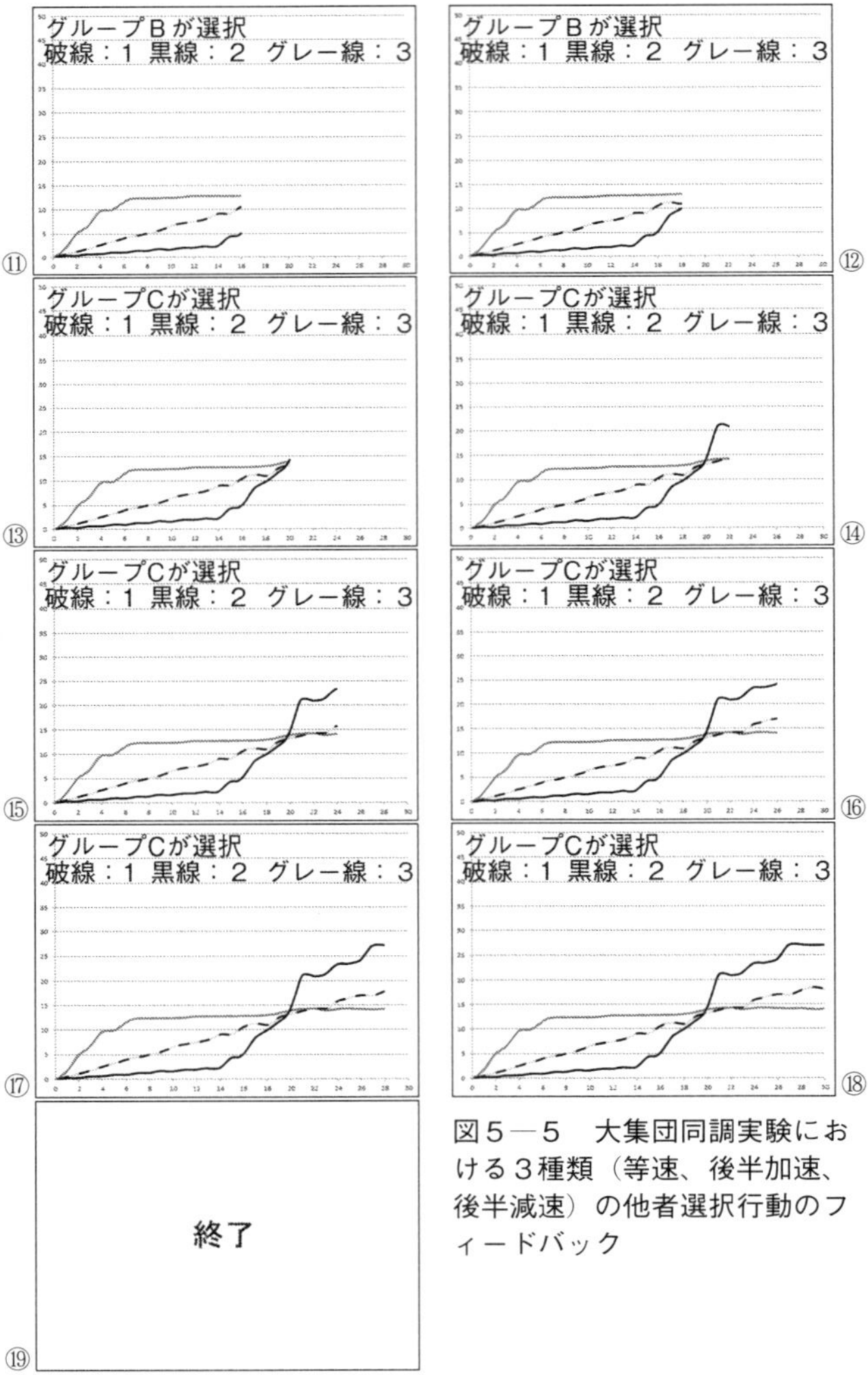

図５―５　大集団同調実験における３種類（等速、後半加速、後半減速）の他者選択行動のフィードバック

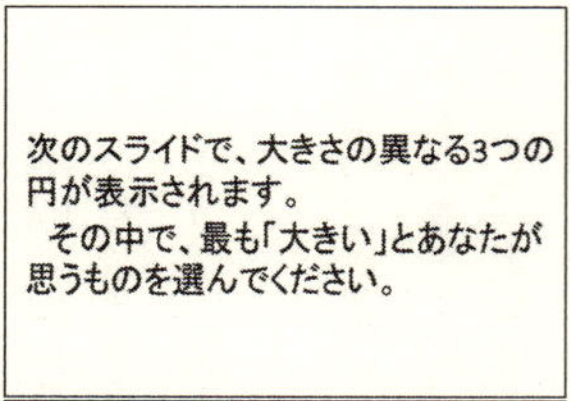
次のスライドで、大きさの異なる3つの円が表示されます。
その中で、最も「大きい」とあなたが思うものを選んでください。
①

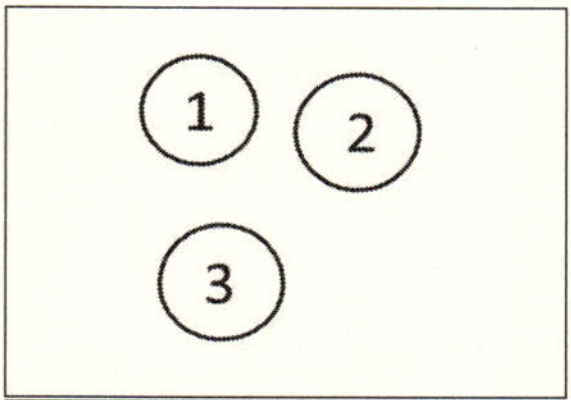
1
2
3
②

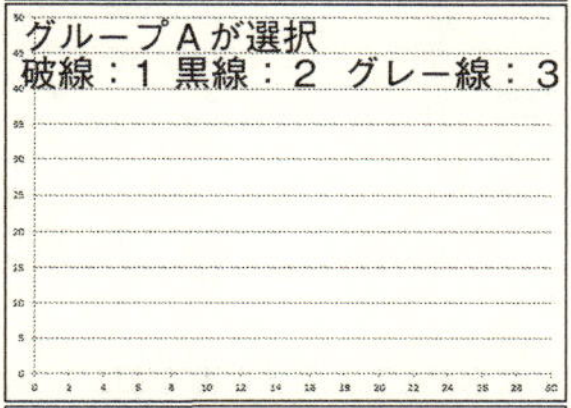
グループAが選択
破線：1 黒線：2 グレー線：3
③

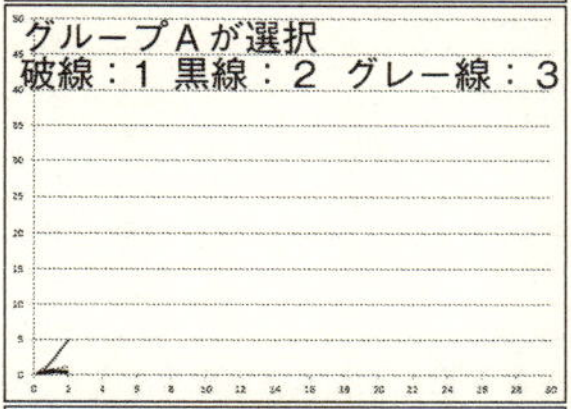
グループAが選択
破線：1 黒線：2 グレー線：3
④

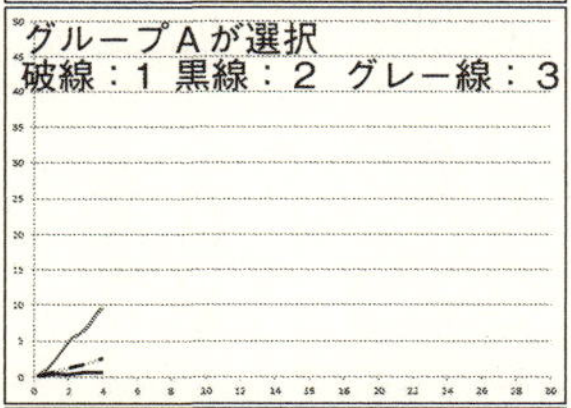
グループAが選択
破線：1 黒線：2 グレー線：3
⑤

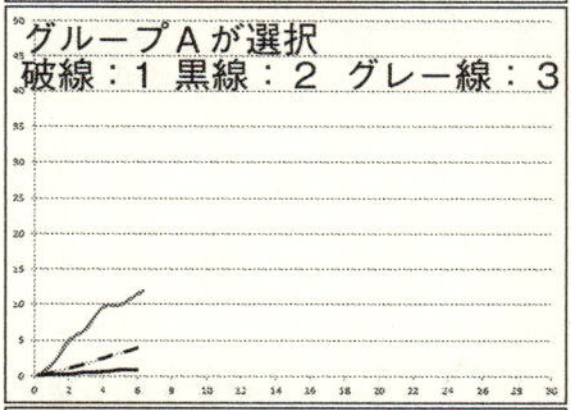
グループAが選択
破線：1 黒線：2 グレー線：3
⑥

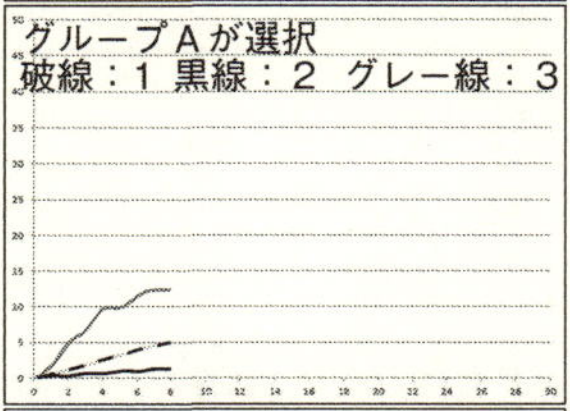
グループAが選択
破線：1 黒線：2 グレー線：3
⑦

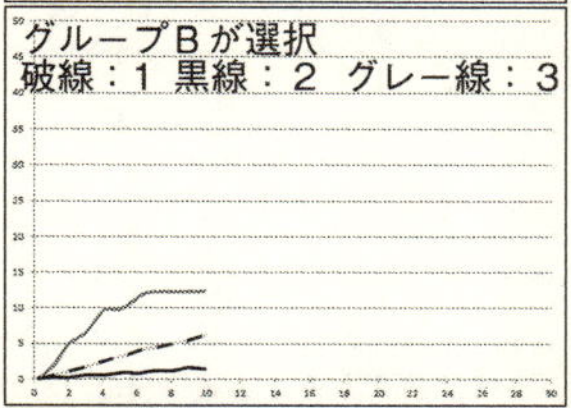
グループBが選択
破線：1 黒線：2 グレー線：3
⑧

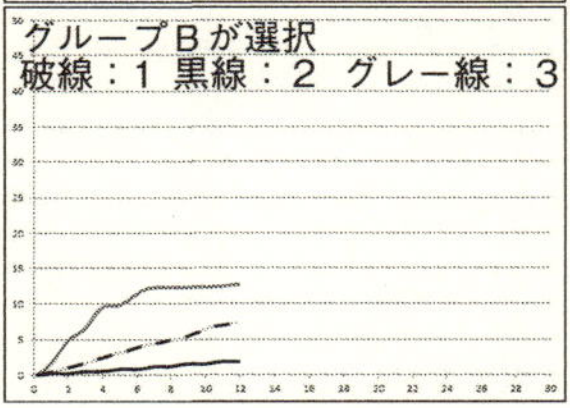
グループBが選択
破線：1 黒線：2 グレー線：3
⑨

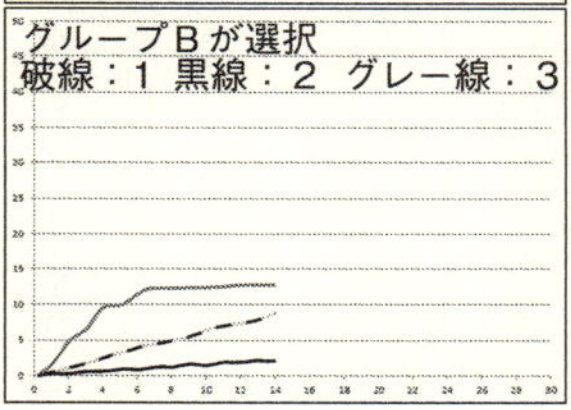
グループBが選択
破線：1 黒線：2 グレー線：3
⑩

2秒であった。設問としては、提示された円の見かけの大きさについて判断を求めるものであった。被験者は自分たちの選択の様子がリアルタイムでスクリーンに提示されていると思っていたが、実際は実験者のシナリオに基づいて提示されていた。

このような実験に加えて、他者の選択行動の提示を行わず、図だけを示す統制群も設定した。


勝ち馬に乗る?


分析の結果、等速条件（図5―5の円1〔破線〕）については円の大きさが他の円より明らかに小さく、実験群でも統制群でも選択者がいなかったため分析対象から外し、それ以外の条件である後半加速条件（円2〔黒線〕）と、後半減速条件（円3〔グレー線〕）についてのみ分析した。後半加速条件（円2〔黒線〕）では選択者の割合が83%となった。それに対して、統制群では円2（黒線）の割合は48%である。実験群は統制群と比べると、後半加速条件のほうが選択者数が多かった。一方、後半減速条件の円3を選択した者の割合は17%である。これは統制群でその図を選択した者の割合である52%よりも少なかった。

この実験結果から、同調行動には同調している人の数だけでなく、同調の勢い（加速度）も影響することが明らかになった。「勝ち馬に乗る」という言葉はまさにこのような現象を表しているものと考えられる。

以上、筆者が取り上げた服従行動や同調行動に関する研究の多くは集団の影の部分に焦点を合わせている。しかし一方では、服従や同調は人が集団や社会に適応していく中で必要不可欠な面もある。同調行動は心理的安定や精神的健康と密接に結びついていて、この両者の関係について検討した研究もある。同調行動は人間が健康的に生きていくうえで、ある程度必要なものとして、そのポジティブな側面にも関心が寄せられるようになってきた。[5] ほどよい同調は個人にとっても、集団全体にとっても望ましいのかもしれない。

全く他者に同調しない人だけで構成された集団やひたすら他者に追従する人ばかりの集団より、同調者と非同調者が適当に混在している集団のほうが効果的に機能することも考えられる。これを明らかにしたコンピュータ・シミュレーションがある。[6] その研究では、煙が充満した部屋（縦横15メートルで部屋の両側にそれぞれ開口幅1・5メートルの出口がある）を想定し、そこから80人が脱出するのに要する時間を測定した。その結果、同調・追従する傾向が高い人だけがいる場合や、個人個人がバラバラに行動する人ばかりの場合より、両者が混在する場合に最も速やかな脱出が行われることが明らかになった。同調者ばかりの場合は、多くの人が部屋の隅に固まってしまい身動きできなくなってしまうのである。一方バラバラに行動する人ばかりの場合は、偶然出口を発見できた人は脱出できるが、発見できない多数の人は逃げ遅れてしまう。それに対して両者が混在している場合は、偶然出口を発見した非同調者に複数の同調者が追従するため全体として最もスムーズな脱出が行われるのである。

現実の世界もこのように非同調者と同調者によって成立しているのかもしれない。非同調者が新しい発見や発明をすれば、同調者はその成果を利用して、社会が展開していくのであろう。

第6章　緊急事態では人は理性的に振る舞うのか

1　集団のネガティブな側面の研究

集団浅慮

　ここまで、述べてきたのは服従行動や同調といった、いわば集団の影の部分についてである。集団の影の側面に関する研究はこれだけに留《とど》まらない。たとえば、**集団浅慮**（group think）に関する研究もその一つである。[1]これは国を代表する優秀なエリートが集まって破滅的な意思決定をした歴史的事実を分析し、そのメカニズムを明らかにしたものである。この研究ではケネディ大統領とそのブレーンが行ったキューバ侵攻作戦の失敗、真珠湾《しんじゅわん》攻撃に対する米側の対応の失敗などに関する詳細な分析を行っている。日本の対米開戦決定も集団浅慮の一つの典型であるとも考えられる。

集団意思決定はあらゆる集団や組織で行われている。それは個人より集団のほうがより良い決定ができると思われているからである。しかし場合によっては集団になると人々が無責任になって手抜きをしたり、リスクが高い決定をしたりすることも明らかになっている。

援助行動

また、個人としては思いやりがある善意の人が、集団になると困っている人や生命の危機にある人を援助せず無視してしまうということもある。これらの現象を分析した、援助行動に関する研究も数多くなされている。[2] このような研究が行われるきっかけとなった衝撃的な事件（若い女性が暴漢に襲われ、助けを求めていたにもかかわらず、多くの目撃者がそれを傍観したため、女性は殺されてしまった）がニューヨークで発生し、現代の都会の冷たい集団心理がクローズアップされたのである。わが国でも同様の事件が発生している。２００７年４月22日の「毎日新聞」朝刊に次のような記事が掲載されていた。

大阪府警淀川《よどがわ》署は21日、ＪＲ北陸線の富山発大阪行きの特急「サンダーバード」の車内で昨年８月、大阪市内の会社員の女性（当時21歳）に暴行したとして、容疑者（36）を強姦《ごうかん》容疑で逮捕した。当時、同じ車両には約40人の乗客がいたが、容疑者にすごまれ、誰も制止できなかったという。女性はトイレに連れて行かれる途中、声をあげられず泣いていたが、乗客は容疑者に「何をジロジロ見ているんだ」などと怒鳴られ、車掌への通報もしなかったという。

40人もの乗客がいたのになぜ誰も助けなかったのであろうか。人を助けるか否かは、次のような意思決定過程にかかっていると考えられる。

その第1はまず対象者が援助を必要としていることを認知することである。人々が喧嘩《けんか》の場面に出くわした場合、それを恋人や夫婦の痴話喧嘩と見なすか、あるいは見知らぬ他人同士の争いと見なすかによって、対応が全く異なる。周りの人が介入しないのは痴話喧嘩とわかっているからだと人々が解釈してしまった可能性もある。要するに「裸の王様」と似た構図である。一人一人は王様が裸ではないかと疑っているが、裸であることを指摘する人がいないので、「他の人は裸だと思っていない」と思い込み、裸であることを誰も言わないということになる。このような心理的メカニズムを**多元的衆愚**と呼ぶ。(3) この多元的衆愚発生のメカニズムがよくわかる実験が、先述した同調実験である。

第2はコストと利益を天秤《てんびん》にかけることである。助けることによって感謝されたり、他の人から賞賛されたりすればそれは利益となるが、暴漢から殴られたり傷つけられたりする可能性があれば、それはコストとなる。それから、助けないことによって罪の意識を持ったり、他の人から臆病者だと思われたりすることもコストになる。

第3はどのように助けるかを決定することである。暴漢がいることを車掌に伝えるのか、自分が体を張って男の行動を阻止するのか、あるいは周りの乗客に声をかけて協力して立ち向かうのか決定しなければならない。

第4は個人的責任を感じるか否かである。それにはそばに他者がいるかどうかも影響する。大勢の他者がいたなら、ほとんどの人は「誰かが車掌に声をかけてくれているだろう」と思ってしまった可能性がある。すなわち乗客間で責任が分散してしまっていたのかもしれない。「東京砂漠」という言葉がある。これは大都会の冷たい人間関係をイメージさせるものである。大都市より小都市のほうが見知らぬ人が助けられる確率は高いことを示した研究もある。それによればほとんどの援助行動について、都市規模が大きくなるほど、助けられる確率が低下することを明らかにしている。大都会は人が多いので人間関係が希薄になり、責任も分散しがちで、たとえ困っている人がいても助ける人は少なくなるということであろう[4・5]。

ただしこのような責任の分散は単に人数が多ければ生じるというものでもないようである。集団成員間に日頃の絆《きずな》がある場合や社会的地位が高く指導的役割が期待されている場合などでは、たとえ多くの人がいても責任感が希薄になることはなく、援助行動の手抜きは少なくなる。このことは次章で取り上げる緊急事態の事例研究（ガルーダ・インドネシア航空機865便福岡空港離陸失敗事故）から確認されている。本章では以下、緊急事態の事例研究を取り上げることにより、集団の光の部分、すなわち理性的・人道的行動に焦点を合わせることにする。

心理学、特に社会心理学に対しては、社会や集団のネガティブな側面に焦点を合わせた研究が多すぎるとの批判がある。[6] このように否定的な研究が多くなる原因としては、ポジティブな現象よりネガティブな現象のほうが情報の持つ有用性が高いからである。行動を修正し環境や社会に適応するためにはネガティブな情報のほうが役に立つ。それから直感に反する発見の魅力もネガティブな情報のほうが大きいであろう。

しかし、この「ネガティブ・バイアス」を改めることで、バランスのとれた社会心理学が構成できると考える研究者もいる。[7] 彼らは、それにより人間の本質をより肯定的に捉えることができるだけでなく、善良な行動やバイアスがない正しい判断についての理解を深め、改善のための理論的根拠のある提案をすることができる点を強調している。

2　緊急事態では人は理性を失うのか？

描かれる群集心理

この「ネガティブ・バイアス」の典型例が、「緊急事態ではパニックが発生する」というイメージである。しかしこれは事実であろうか。数多くのパニック映画が制作されている。その中では日頃の社会構造（家族や友人の絆、長幼の序など）やルールは崩壊してしまい、自己中心的に行動する人や理性を失い死に向かってダイビングしたり、略奪、暴動などの反社会的行動をしたりする人々の姿が描かれているものが多い。

また、警察や消防をはじめ行政当局はこのようなイメージに基づいて対策を立てる傾向がある。たとえば兵庫県警察によって作成された『雑踏警備の手引き』によれば群集心理の主な特徴として次のようなことが挙げられている。(8)

①組織性（役割がない、匿名性、理性の低下、異常な雰囲気、無責任、無批判、暗示、混乱、無秩序）

②軽薄性（群集の中では暗示にかかりやすく、流言、冗談など平常であれば一笑に付すようなものでも軽々しく信じる）

③無責任性（個々の責任感が弱まり、集団の雰囲気に左右されやすく、公衆道徳や社会秩序、社会規範に対する意識、理性が失われやすい）

④興奮性（感情が単純でしかも非常に興奮しやすくなり、偏った極端な行動をとりやすい）

⑤暴力性（きわめて強い想像力が生じ「事故が起こるのではないか」という恐怖心や自分の行動が思うようにならないことによる怒り〔焦燥〕から暴力的行為を行いやすい）

⑥直情性（雑踏という環境の変化によって近道本能〔社会的規範によらずして直ちに結果を求める本能〕にかえり、自分本位となって警察官の整理に従わないなど、直情的な行動をとりやすい）

⑦付和雷同性（他人の非常識な行動が直ちに感染して、なんの不自然さも感じず自己もそれと同様の行動をとりやすい）

理性喪失イメージに対する反証

しかし、実証的研究の多くが、人は緊急事態では人間関係や社会規範に基づいた理性的行動をすることを示している[9〜12]。たとえば１９７７年にアメリカのケンタッキー州サウスゲートで起きたビヴァリーヒルズ・サパー・クラブの火事では１６４人が亡くなった。新聞の見出しは「パニックで多数が死亡」「殺人者はパニック」などであった。そしてインタビューに「人々はパニックで混乱していた」と答える生存者もいた。

しかし、全米防火協会（ＮＦＰＡ）の調査によれば広範囲のパニックは生起せず、それが主要な死亡原因でもないことが明らかになった。調査結果はパニックのイメージとかなり異なるものであった。たとえば火災発見時に職員は防災訓練をしていなかったにもかかわらず消火器を使って何とか火を消そうとした。またウェイターやウェイトレスは自分の持ち場に帰り、客の避難を助けようとした。それから、火事の発生のアナウンスがあった後も舞台ではコメディアンはパフォーマンスを続け、客は手遅れになるまで火事の深刻さを認識しなかった。

また、１９８９年7月19日に、ユナイテッド航空の２３２便が操縦不能となりアイオワ州のスーシティの空港に緊急着陸し大破した事故があった。乗客２９６人のうち生存者は１８５人であった。乗客の救助にあたった消防職員の報告によれば、乗客が混乱することはなく、しかも生存者の中には救助隊の手助けを進んで行う人もいたということであった。

オーソン・ウェルズの『宇宙戦争』（1938年10月30日放送）は全米をパニックに巻き込んだ放送として有名である。番組の内容は、火星人が円盤に乗ってアメリカのニュージャージー州に来襲してきて、軍の抵抗をものともせず侵略を続けているというものであった。それが実況放送のように行われた。番組を途中で聞きはじめた人などはそれを真に受け、そのために多くの人がパニックになったといわれてきた。しかし実際は少々異なっていた。屋外に逃げ出した人の多くは冷静に放送を聞き、また85％以上の視聴者は単なるラジオドラマとして受け取っていたということであった。

理性喪失イメージの原因

数多くの実証研究の結果、明らかになったことは、パニックはめったに起きないということであった。それにもかかわらず今でも行政当局はパニックの発生を予見し、マスコミは人々の行動をパニックと結びつけて報道する傾向がある。そして、多くの人がそのようなイメージを持っている。

その理由の一つとして、認知バイアスが考えられる。たとえば、人は見たいものを見る傾向がある。パニックが起きると思い込んでいればそのように見えるのである。(13) 人は自分の先入観を強化するような情報を探し、また解釈する。これを**確証バイアス**と呼ぶ。このバイアスは信念や感情がからんだ問題について特に顕著に現れる。パニックのように、明確に定義されていない事象（恐怖と同じ意味に用いられる場合もある）については自分の信念に合致した都合のよい事実はいくらでも集めることができる。また事実を自分に都合がよいように解釈し、自分が好む出来事だけを記憶し想起することもできる。その結果、自分の信念はますます強固なものになり、ときには誤った信念に固執したりすることになる。災害が発生するとマスコミは特に被害が大きかった地域について集中的に報道する。また人々のわずかな混乱でも大々的に報道する。このようなことがパニック・イメージの定着に拍車をかけていると思われる。

それから、ある事象が出現する頻度や確率を判断するときに、入手しやすく想起しやすい情報をもとに推定する利用可能性バイアスというものがある。たとえば航空機事故は自動車事故に比べて発生確率は比較できないほど低いが、その危険性は過大視されている。それは航空機事故の場合はマスメディア等で大々的に取り上げられ、その危険性が刷り込まれた結果、生じる。パニックもめったに生じないために、その異常性が際立ち、そのために人々の記憶に残りやすいのである。

行政当局の群集に対するイメージ

また行政当局がパニック・イメージにこだわるのは、そのほうが都合がよいから、という見方もある。パニックを防ぎ、群集をコントロールするためには当局に権力を集中させる必要がある。そのために資源や情報を自分たちのところで集中して保持しなければならないと考えるのである。[14] それから、事態が悪化してもパニックが原因ということになれば当局の責任の程度は軽減される可能性もある。そして、そのような行政当局こそがパニックの主要な原因になっていると主張する研究者もいる。[15] 当局はパニックの発生を恐れ、そのイメージに自分がパニックになり、情報の開示をしなかったりそのタイミングを逸したりして、社会に混乱を引き起こすこともあるという。

3　実際の緊急事態の行動と意思決定の研究

ストレス状況下での行動の特徴

以上述べてきたようにパニックはめったに起きないのである。しかしめったに起きないということは絶対に起きないということではない。左記のような条件が揃った場合、パニック発生の可能性が高まることは否定できない。

①自分や大切な人に脅威が迫っているという認識
②逃げることができるが、逃走路が閉じつつあるという認識（完全に閉じた場合はパニックは起きない）
③脅威に対抗できない、他者に頼れないといった無力感

このようなストレス状況下では、次のような傾向が生じる。

①意思決定を急ぎすぎるあまり、熟考することなく短絡的に結論を出す傾向が生じる。すなわち注意の範囲が狭くなり、可能性のある選択肢をすべて吟味することなく決定する。太平洋戦争開戦時の日本政府要人の意思決定などの歴史上の出来事の分析を行った研究によれば、政治家は危機に臨んで重大な意思決定を行う前に一部の限られた情報に頼ってしまう傾向があったということである[16・17]。

②系統的に情報を吟味することができない。選択肢を一つ一つ順番に吟味するのではなく、慌てふためいて、こちらについて考えたかと思えば、あちらを吟味し、また元に戻り、思考パターンに首尾一貫性がない。

③時間的展望が短くなる。目先の安心を得るために衝動的に一つの方法を選択する。危機発生までに残された時間を有効活用できない[18]。

タイタニック号沈没事故

ここで危機事態における人々の行動についての実証的研究について紹介する。その第1は有名なタイタニック号沈没事故についての研究である[19]。タイタニック号は1912年4月14日、氷山に衝突して沈没した。沈没までの時間は2時間40分であった。乗客乗員合わせて2207人の68%、1501人が死亡した。この事件は何度も映画化され、最近のものではジェームズ・キャメロン監督、レオナルド・ディカプリオ主演のものが有名である。当書で取り上げている研究データは主として *Encyclopedia Titanica* からのものであるが[20]、その他のデータソースと照合している。この研究で解明を試みたのは次の事柄であった。

①体力（男性や壮年期の人）や社会的地位（1等船室、2等船室の客）は生存率を高めたのか
②役割や職務（乗員か乗客）は生存率に影響したのか
③社会規範（女性や子どもを優先する）はどうだったのか
④国籍は生存率に影響したのか

表6―1はタイタニック号と比較対象となる英国船籍のルシタニア号のデータである。ルシタニア号はタイタニック号沈没事故の3年後（1915年5月7日）の第1次世界大戦中、ドイツの潜水艦によって撃沈された。死者は1313人であった。生存率は全体としてはタイタニック号とほぼ同じだった。ルシタニア号は攻撃後18分という短時間で沈没した。戦時中であったので新聞には「英国旗を掲げた船舶は敵国の攻撃の対象となるので、乗客はそのリスクを甘受すべきだ」という記事等が掲載されていた。しかし、一方ではルシタニア号の安全性は高

いと思われていた。その理由として戦艦ではなく客船であること、中立国のアメリカ人が多数乗船していることなどであった。戦時法は商業船に対する警告なしの攻撃は禁じているが、ルシタニア号の場合には攻撃前の警告はなかった。タイタニック号とルシタニア号の乗客の年齢や人数、男女比などはほとんど同じであった。

タイタニック号のデータでは生存率に関して、①女性が男性より約52ポイント高い、②1等船室乗客は3等船室乗客より36ポイント高く、2等船室乗客は3等船室乗客より15ポイント高い、③乗務員は24％ほどしかない、④子ども連れの女性は男性より74ポイント高く、子ども連れでない女性より24ポイント高い、⑤壮年期（16～50歳）の人は16歳未満の人より17ポイントほど低い、⑥イギリス人（船は英国籍）はその他の国の出身者より全般的に低いことが明らかになった。

表6―1　タイタニック号とルシタニア号の乗客乗員の特性と生存率

乗客乗員の特性	生存率	
	タイタニック	ルシタニア
生存者（全体）	32.0%	32.6%
女性	72.4%	28.0%
男性	20.6%	34.3%
女性（子どもなし）	70.5%	
女性（子ども連れ）	94.7%	
16歳未満	47.8%	
16～50歳	30.9%	
1等船室乗客	61.7%	19.3%
2等船室乗客	40.4%	29.5%
3等船室乗客	25.3%	32.5%
乗務員	23.8%	
イギリス人	25.3%	
アイルランド人	34.2%	
スウェーデン人	25.5%	
アメリカ人	49.1%	
その他の国籍	34.6%	

出典 Frey et al. (2011)

それに対してルシタニア号の場合は表6―1からわかるように女性や1等船室乗客の生存率は全体の生存率よりも低かった。また表には示されていないが、壮年期（16～50歳）の人は16歳未満より20ポイント程度高いことも明らかになった。

この研究の結果明らかになったことは、生死を分けるような緊急事態でもタイタニック号の事故のようにある程度の時間があれば、人は通常の社会規範（女性や子どもを優先する、社会的地位が優先度に影響する、当事者〔英国籍の船〕が起こした事故は当事者が責任を取る）に従って理性的に行動するというものである。しかし時間的余裕がなければ、社会規範は機能せず、個人が、自分が生き残ることに精一杯になってしまうことも明らかになったといえる。時間が理性と非理性を分ける鍵となると考えられた。

それに関連して、過去（1852～2011年）に発生した18の海難事故（対象者1万5000人、30ヵ国）のデータを分析し、沈没までの時間と社会規範に基づく行動の関係について考察した研究がある。(21) 分析の結果、沈没までの時間と女性の生存率には明確な関連は見出されなかった。

それから、社会規範の観点から考えれば船員や船長の生存率は乗客のそれよりも低くなることが考えられる。船長が乗客乗員の救助に尽力した後、船と運命をともにした話は数多くある。タイタニック号のスミス船長や戦艦大和《やまと》の有賀幸作《ありがこうさく》艦長は有名である。しかし2014年4月16日に起きた韓国セウォル号沈没事故や2012年1月13日のイタリアのクルーズ客船座礁事故では船長や船員が乗客を残して逃げ出し、それが世間の指弾を受けたこともある。ただし、船員は船に詳しく、また緊急事態に遭遇した場合の訓練も受け、早期に情報を得る有利な立場にある。その意味では船員のほうが生存率が高くなることは十分考えられる。

分析の結果、タイタニック号の場合の生存率は表6―1の通りであったのに対して、タイタニック号のデータを除いた場合の海難事故での生存率平均値は男性37・4%、女性26・7%、子ども15・3%、船員61・1%であった。それに船長の生存率も43・8%であり、相対的に高い割合であった。タイタニック号の場合は女性や子どもの生存率が高く、男性や船員の生存率は低い。それから、船長は死亡している。一方、海難事故の平均値は男性や特に船員の生存率が高い。それに対して、女性や特に子どもの生存率が低いことが示されている。このデータから、タイタニック号の場合は女性や子ども優先の社会規範が人々の行動を規定していた例外的なケースと見なすことができる。全18事例のうち、統計学的に女性の生存率が高かったのはタイタニック号のケースを含む2事例のみであった。11事例については逆に男性の生存率が有意に高かった。残りの5事例については統計学的な差は見出されなかった。

それから船員は自分より乗客の生存を優先するか否かという点に関しての検討も行われている。その結果、18事例のうち9事例で乗客より船員の生存率が有意に高いことが明らかになった。また壮年の大人のほうが子どもや老人より高いことも明らかになった。

さらに明らかになったのは船長が女性と子どもを優先するという指令を出した場合は女性の

生存率が9・6ポイント上昇したことである。ただし、このようなケースはタイタニック号を含めて5事例のみであった。さらに第1次世界大戦後のほうがそれ以前より女性の生存率は8・5ポイント高くなったことも注目に値する。

このように、タイタニック号事故の場合には女性の生存率は男性のそれより3倍以上高かった。しかし、160年間に発生した18事例のデータを分析した結果、女性の生存率は男性の半分ほどであることが明らかになった。これは海難事故では女性や子ども優先の社会規範が発生することは稀であることを示している。

自然災害でも女性が不利な立場に置かれることが明らかになっている。[22] 1981年から2002年の141ヵ国の4605個のデータ（干ばつ、地震、感染症、飢饉《ききん》、火災、洪水、害虫被害、地滑り、噴火、津波、暴風雨など）を分析した結果、災害による直接の死と災害の影響による間接的死により、女性は男性より平均余命が短くなる傾向のあることが明らかになった。このことは災害により、男女の平均余命の差（女性は一般に男性より長寿である）が縮小することを意味している。また災害が大きいほど、そのような傾向が顕著になることも示された。ただし、女性の社会・経済的地位が高ければ、災害に対する脆弱性の男女差は縮小することも明らかになった。これも海難事故における女性の死亡率が第1次世界大戦後低くなっていることの背景要因の一つと考えられる。

以上の結果により、海難事故では全般的に集団の影の部分が色濃く出現しているように思われる。その例外がタイタニック号の事故であるが、ここであらためてタイタニック号の乗客の理性的行動の原因を挙げるとすれば、以下の要因が考えられる。第1は船長が女性と子どもを優先するという指令を出した、第2は乗客は当時世界最新鋭の豪華客船に乗船しているという誇りを持っていた、第3は日頃の絆がある人々によって構成された集団（家族など）が数多く含まれていた、第4は沈没までの時間が相当長かった、というようなことであろう。これらの要因が相乗的に働いていた可能性がある。リーダーシップと時間と集団成員の誇りと絆が理性的行動を促したことは想像に難くない。

ドイツ軍戦闘機搭乗員の行動

集団成員が持つ誇りと絆が危機的事態の行動に影響することを示した研究の一つとして戦闘機搭乗員の行動分析が挙げられる。兵士が祖国のために戦うさいに、その動機は何に由来するものなのかを第2次世界大戦中（1939〜45年）のドイツ軍の5000人の戦闘機搭乗員のデータをもとに検討した研究がある。[23] それによれば、戦友が表彰され勲章を授与されると敵機撃墜率が上昇し、同時に戦死率も上昇する傾向があることがわかった。そして、このような現象は戦友との出生地の近さやその他の類似性の程度に左右されることも明らかになった。

人はときに国や所属集団のために命を捧《ささ》げることがあるが、その動機として一般的には出世や金銭的報酬などが考えられる。しかし、人はそのようなことのために死ねるだろうか。今まで研究者にあまり注目されてこなかったのがライバルとの名誉獲得競争である。ドイツの戦闘機搭乗員の場合、同じ飛行中隊（8～12人の搭乗員からなる）に過去所属した、あるいは現在所属するメンバーの勲章授与がパフォーマンスに影響する程度が大きいことが明らかになった。そして、それ以外の搭乗員の表彰はあまり影響しなかった。

たとえば、1939年から45年にかけての搭乗員1人当たりの1ヵ月間の撃墜報告数は平均して、0・8ケースであり、戦死の割合は2・7％であったが、表彰を受けた搭乗員と一緒に飛行した場合は、撃墜報告数が1・2、それから戦死率は4％以上になった。そしてこの傾向は、表彰を受けた搭乗員と生まれ故郷が近い搭乗員において顕著に見られた。また、ライバルの表彰は技量が高い搭乗員の撃墜数の増加をもたらしたが、一方、技量が低い搭乗員の戦死率が高まる結果にもつながった。このことは、兵士は直接的な利益のために戦うのではなく、身近な戦友との手柄や名誉獲得競争が主な動機になっていることを示している。この結果は、極限事態では、ライバルでもあり愛着も感じる他者と自分を比較しながら、運命を共有するような行動をしていることが考えられる。

ナイトクラブ火災

火災時にもそのような絆が集団成員の運命を左右することを示した事例がある。2003年2月20日にアメリカのロードアイランド州ウェストワーウィック市のステーション・ナイトクラブで火事が発生した。そこではグレイト・ホワイトというロックバンドのコンサートが開催されていて、そこで使用された花火が火事の原因だった。100人が死亡し200人近くが負傷した。火災による死亡者数としてはアメリカ史上4番目であった。ロードアイランド警察は火事の責任を究明するために406人の目撃者の証言を集めていた。またロードアイランドの司法長官事務所は大陪審の起訴状を作成するために143人のデータを得ていた。さらに、この火災に関する2003～08年の1500件の新聞記事があった。これらのデータには人々が避難するときにどのように振る舞ったか、他の人を助けようとしたかの記録、救援隊の活動報告、クラブの従業員のインタビューなどが含まれていた。[24] データは人口密度（約3メートル×3メートル当たり）、個々の集団の中の集団成員間の距離、集団サイズ、集団の男女比、集団の中の年齢幅（18～51歳）、集団の中の絆の強さ（恋人、家族、夫婦）、集団の中で窓から脱出した人数、出口までの距離、集団成員の中で何らかの援助を受けた人数などであった。

客の70％は男性で平均年齢は32歳であった。客の72％は常連であった。それから98％以上の客が火災発生の瞬間を目撃していた。脱出までの時間は短く（6分ほど）、脱出の困難さは場所によって異なっていた（出口から遠いところと近いところがあった）。玄関が一つ、その他の出口が3、窓が2ヵ所あった。

465人の客のうち10％が1人で来ていて、他はグループで来ていた。グループの数は179であった。そのうちの29％は2人集団、32％は3～4人、その他はもっとサイズが大きかった。グループのうちの40％が友人、恋人、家族、夫婦であった。51％のグループでは成員同士が接近していた（互いの距離が4メートル以内であった）。

分析の結果、人口密度と死亡率の相関係数は高く0・55であった。建物の中のある領域は玄関にも近く、他の出入り口や窓もあった。しかしそこにいた45％の人が死亡した。そこは客の密度が高く、多くの人が殺到して身動きが取れなくなったようである。またトイレに近い場所は開口部分がないため、そこで33％の人が亡くなっている。

集団サイズと負傷率は0・86という高い相関があった。4人以上の集団では、成員の中で負傷した人が必ず存在した。死亡率も集団サイズと高い相関（0・70）が見出された。その他、脱出ルートが短い場合や以前このクラブに来た経験がある場合は死傷率は低くなった。一方、集団成員間の距離が離れているほど死傷率が高くなった。これは仲間を捜すために時間がかかり、脱出に手間取ったためと考えられる。

この結果は非常に危険な状況では、集団成員間の親密な関係が死傷者の割合を高めてしまうことを明らかにした。死傷率が高い危険な場所では、親密な関係がある集団成員の死傷率はそのような関係がない集団の死傷率より高かった。一方、危険度が低い場所ではそのような傾向は見られなかった。

これは先述したアメリカで起きたビヴァリーヒルズ・サパー・クラブ火災でも見られた。人々は仲間を助けようとして火の中に飛び込んだり、職員は客を助けるために自己犠牲的行動をしたりした。その結果、集団の絆の強さが仇《あだ》となり、死傷率を高めることになった(25)。また緊急事態では、人々の間で「運命をともにしている」という連帯感（内集団意識）が強くなり、面識がない人同士の援助行動も起こりやすくなるという。

その他、この研究では、次のような結果が見出された。

①分析のために無作為に抽出された150人のうち90人は室外でも人助けを行い、いったん建物の外に出た人が再び中に入り、逃げ遅れていると思われる人を捜した。

②全体の3分の1ほどの人は面識がなかった他人から援助されていた。また被害者も事前の面識の有無にかかわらずお互いに助け合っていた。

③ただし、最も危険だった場所では、自己中心的、反社会的行動をする人もいた。特に1人で来ていた人の中には他者にかまわず、単独で脱出するケースも見られた（24ケースのうち13ケース）。このような人は「自分が死んだら家族や愛する人が困るだろう」と考えていたようである。やはり究極の危機は人を自己中心的にする可能性がある。

④死亡者の避難行動パターンに特徴があるかどうかについても、その人のそばにいた集団メンバーの証言から明らかになった。死亡者のそばにいた生存者も重症だったケースが多かった。それによれば限界状況でも社会的絆が機能していて、生存者と死亡者は互いに助け合いながら避難しようとした。炎や煙が迫ってきても、死亡者がヒステリックになったり凍り付いた

状態になって動けなくなったりということはなかった。多くの場合、生と死の分かれ目は偶然でしかなかった。たとえば、たまたま他のメンバーの前にいて、出口のほうに押し出されたことが生死を分けたケースもあった。

⑤役割の拡張が見られた。このような危機状況では職員は客を助けるという新しい役割を果たすことになった。この火事のとき17人の職員がいてそのうちの4人は死亡、1人は行方不明となったが、12人から情報を得ることができた。死亡した職員のうち2人は男性で2人は女性であった。生存した職員12人のうち4人は女性であった。12人のうち7人は援助行動(出口の指示、消火器の使用、客を出口まで誘導する)をした。その中にはバーテンダー、酒の支度をする女性、ウェイトレス、警備係、音響係、ライト係、雑用係、クラブ・マネージャー、非常勤職員などがいた。そして従来の研究結果と同じように、男性が女性より援助率が高かった(援助した7人のうち6人は男性だった)。また援助行動をした職員の大半は2年以上の勤務経験があった。援助行動をしなかったのは2年以下の勤務経験しかない者が多かった。

以上の結果から、このような極限状況でも全体がパニックになって混乱状態になることはないことが明らかになった。死亡者は理性を失い、われ先に脱出しようとしたわけではなく、最後まで仲間と助け合った。ただし、そのような集団成員間の絆が仇となり、死傷率を高めてしまう要因になっていた。また人口密度や苦痛のレベルが高かったりすれば、苦痛を引き起こしている源から思わず遠ざかろうとしたり、理性に基づかない行動をしたりしてしまうことも明らかになった。

恐怖状況での集団幽閉実験

日頃の絆がある集団と絆がない集団では恐怖状況での挙動が異なるか否かについて実験的に検討した研究がある。[26] 絆がある集団（日頃の付き合いがある人で構成された集団）8集団と絆がない集団（初対面の人で構成された集団）8集団、計16集団が実験に参加した。絆がある集団のうち5集団はハーヴァード大学のバスケットボールとフットボールチームのメンバーだった。メンバーは1年以上寝食をともにし、一緒にプレイをしていた。あとの3集団も運動クラブであった。

この研究では恐怖条件（鍵がかけられた部屋に煙が入ってくる）とそのような操作が行われない無恐怖条件であった。被験者には「集団問題解決の実験である」という嘘の説明が行われ、実際に被験者は作業を行った。それが終了した後「質問紙に回答してもらうので、しばらくこの部屋に待っていてほしい」と言って、実験者と監督者は部屋から出ていった。そのさい部屋には鍵がかけられた。その直後に煙が部屋に入ってきた。

実験の結果、絆がある集団でリーダーだった人はこのような状況でもリーダーになる傾向があることが明らかになった。また、この状況に疑念を抱いた集団もあれば、パニックに近い状態になった集団もあった。いくつかの集団は煙を「やらせ」と判断し冷静に振る舞った。ただし、3つの集団は煙を本当の火事だと思ったようだった。予想外だったのは、絆がある集団は絆がない集団より活発に行動したことだった。絆がある集団8集団のうち6集団はドアに突進し、破ろうとした。この実験結果から、絆がある集団のリーダーは緊急事態でもリーダーになり、さらに成員は活発に行動することが明らかになった。

緊急事態では絆の効果が現れることは先に取り上げたタイタニック号の事故や火災事例でも示されているが、第7章で述べるガルーダ航空機事故では絆やリーダーの存在の効果が明瞭に現れている。

4　9・11同時多発テロ時の世界貿易センタービルからの避難

避難の概要と調査対象者

世界貿易センタービル崩壊時の人々の行動に、これらリーダーシップや時間や絆などの要因の影響はあったのだろうか。

2001年9月11日のニューヨーク世界貿易センターに対するテロ攻撃時には第1棟と第2棟を含めて約1万7400人が建物内にいたことがわかっている。そしてそのうちの約1万4000人は助かっている。両棟とも崩落したが、そのような状況の中でも80%以上の人々は2

時間以内に避難に成功していた。生存者の飛行機の衝突から避難開始までの平均時間は6分であった。最も早いケースは数秒であり、遅い場合は40分であった。避難完遂までの所要時間は第1棟の平均が40分、第2棟は22分であった。第1棟では崩落のわずか10分前に17人、第2棟では10分前に23人が、3分前に9人が辛くも脱出したとの報告がなされている。

当時建物内にいた港湾局の職員など1444人（生存者の1割程度）を対象とする調査が行われている。[27]それによれば、対象者の58％は男性で平均年齢は44歳であった。貿易センター内の勤務年数は平均6年ほどであった。その中には健康上の問題（循環器、手足、心臓、感覚器、メンタル）を抱えていた人が23％いたということであった。さらに、インフルエンザ罹患《りかん》、妊娠中、足の骨折、肥満などの健康問題を認識している人も多く、全体の3分の1の人が長い階段を歩くことが困難であったらしい。

避難訓練の問題

避難訓練時に階段を利用した人は1割程度であり、階段からビルの外に出た経験がある人は6％にすぎず、階段や非常口や警報ボタンの場所、ビルの内部構造を知っている人は2割ほどしかいなかったということである。1993年にこのビルで発生した爆弾テロ事件があって、それがきっかけとなって綿密な避難計画の策定と訓練がなされるようになった。それにより一部の緊急事態の担当者の意識は高く、9・11のさいにも彼らは長時間現場に留まり、リーダーシップを発揮し避難誘導を行ったことも明らかになっている。しかし、一般の人は心構えも知識も持ち合わせていなかった。高層ビルには様々な会社や店舗が入居していて、責任の所在も曖昧になりがちであり、責任の分散が生じやすいとも考えられる。

9・11以前も避難訓練は全員参加で行われ、80%以上の人が参加していたということである。しかしそのときに階段が使用されることはほとんどなかった。というのは2005年まで、ニューヨークの規則により、階段室に入ることが禁止されていたためである。

訓練はビル内全体で、勤務時間外に、全員参加で行われることが望ましいといわれている。訓練を通してビルを知ることが重要なのである。それはビルの構造そのものだけでなく、ビルのスケール感も実際に歩いてその感覚を身につけることが望ましいとされている。

多くの人が自分の職場から安全なところまでどのくらい距離があるのか皆目見当がつかなかったと報告している。高層ビルの場合は、人々は物理的には縦方向の構造の中にいるが、感覚としては横に広がった空間の中に自分を位置づける傾向があるということである。訓練時にはこのような感覚を意識化する必要が大切であるといわれている。

脱出方法と脱出時の行動

脱出方法としては、エレベータを利用した人は1割にも満たず、階段を利用した人が大部分であった。脱出途中で混雑（46%）や他者の救助活動（20%）で動けなくなることもあったらしい。避難者同士の助け合いが行われていたのである。それから多くの人が保安要員の指示がなければ脱出する自信はなかったと回答している。

その他、この調査によって以下の事柄が明らかになった。

正常化偏見、物や仕事への執着、リーダーシップ、絆の存在

この事件では理性的行動を促した次のような要因がある。

①航空機衝突時には大多数の人が衝突の目視とそれに続く大音響やビルの揺れ、ジェット燃料が燃える臭いや煙、書類やがれきの落下、大型エレベータの落下時の大音響を体験し緊急事態を認識したということであった。それにもかかわらず15％の人は「たいしたことはない」と考えたということである。ここでも事態の異常性を認めようとしない「正常化偏見」が働いていることが考えられる。第2棟は第1棟の衝突のときにはまだ無傷だったので、第2棟にいた人の中には自分たちは大丈夫だと判断して仕事に戻った人もいたそうである。

②情報の取得先は主として人づて（42％）であり、館内放送やテレビ、ラジオ、電話は1割にも満たなかった。人の絆の存在が情報取得に大きく影響したのである。

③避難開始を遅らせた要因の一つは物や仕事に対する執着、それから親しい人への接近・愛着であった。たとえば、持ち物を集めた（40％）、電話をかけた（18％）、コンピュータの電源

を切った（8％）ということである。中には避難してよいか上司の許可を得ようとした人や勝手に席を離れることにより首になることを恐れた人、誤報の場合は時間の無駄になると考えた人もいたらしい。実際、脱出する前に電話をかけたり、残りの仕事を片付けたり、持ち物を集めたり、上司の許可を得たりしようとしていた人の脱出開始は、それらをしなかった人より大幅に遅れたことが明らかになっている。ここでも後述するガルーダ航空機の事例と同じく、物や仕事に対する執着が顕在化したようである。それから友だちや同僚を捜した人（33％）もいた。地上に下りてからも5割の人はすぐに現場を離れなかったと報告している。その理由の一つが、同僚や友人を捜そうとした（26％）ということである。

④避難開始の理由は、権威と落ち着きがあり、知識もしっかり持っているように思える自然発生リーダーの指示（32％）や同僚集団の行動（33％）であった。リーダーシップと絆が影響していることは明らかである。

⑤自分は冷静に行動したと回答した人がほとんど（96％）であった。その理由として、「他の人が冷静だった」「自分が他の人に落ち着くように言った」「家族や友人のことを考えた」「信仰」「もし自分がパニックになったら他の人もパニックになると思った」等であった。

以上の研究から、人間は危機のときに協力し、互いに助け合う傾向があることがわかった。別の研究も、貿易センター内では圧倒的多数の人々が、パニックになったり、利己的な行動をとったりしなかったことを明らかにしている。(28) 危機の渦中にいると知りながらも、人々は冷静で協力的な行動をとったということである。人々は、密集した階段の吹き抜けを整然と下り、消防士を上がらせるため通路を空け、気を失いそうになっている人や怪我人《けがにん》を助けることも行った。理性を失いそうになった人も、集団の冷静な行動で落ち着きを取り戻したとの報告もある。中には、ビルの中に残ってドアを開けたり、交通整理をしたりする人もいたらしい。

このような非常時の理性的行動は、2005年7月7日にロンドンで起きた爆弾テロ事件の生存者を対象とした研究でも明らかにされている。(29) 事件は、朝のラッシュアワーの時間帯に、地下鉄の列車3本とバスの4ヵ所に対して行われた組織テロであった。この爆発で56人が死亡、700人以上が負傷した。生存者の多くが死者や瀕死《ひんし》の人に混じって、煙の充満する暗い客車に閉じ込められていたという。また、外部との連絡手段もない状態であった。テロに遭遇した140人以上（うち90人は列車に乗車していた人）の証言から明らかになったことは、人々の利己的な行動は少なく、相互扶助や配慮的行動が大部分であったことである。人々は水を分かち合い、重傷者の止血や精神的ケアやサポートをした。人々の中には一体感、親和性、温かさ、共感が生まれたとの報告もある。被害者は、他の人と共通の運命を感じていたために、他人を助けたり、他人から助けられたりする傾向が見られたということである。

第7章　航空機事故発生時の機内で人々はどのように行動したのか

1　ガルーダ・インドネシア航空機福岡空港離陸失敗事故

事故の概要

1996年6月13日12時8分ごろ、ガルーダ・インドネシア航空機865便（ダグラスDC-10-30型、機体番号PK-GIE、出発時重量211・3トン）は福岡空港で離陸失敗事故を起こした（図7—1〜7—4）。同機は離陸滑走を開始したが、その後、滑走路を逸脱し、飛行場南側の県道を越え空港管理用地内で擱坐《かくざ》して大破、炎上した。また機体から脱落したエンジン、左右主脚その他の機体破片等が広範囲にわたり散乱していた。事故の原因は機体が離陸決定速度V1（離陸を中止すべきではないと決められている速度）を大幅に超え、すでに浮揚していたにもかかわらず、一つのエンジンの故障に驚いた機長によって離陸が中断されたためであった。

図７―１　炎上するガルーダ航空機（写真・共同通信社）

図７―２　消火後のガルーダ航空機（写真・共同通信社）

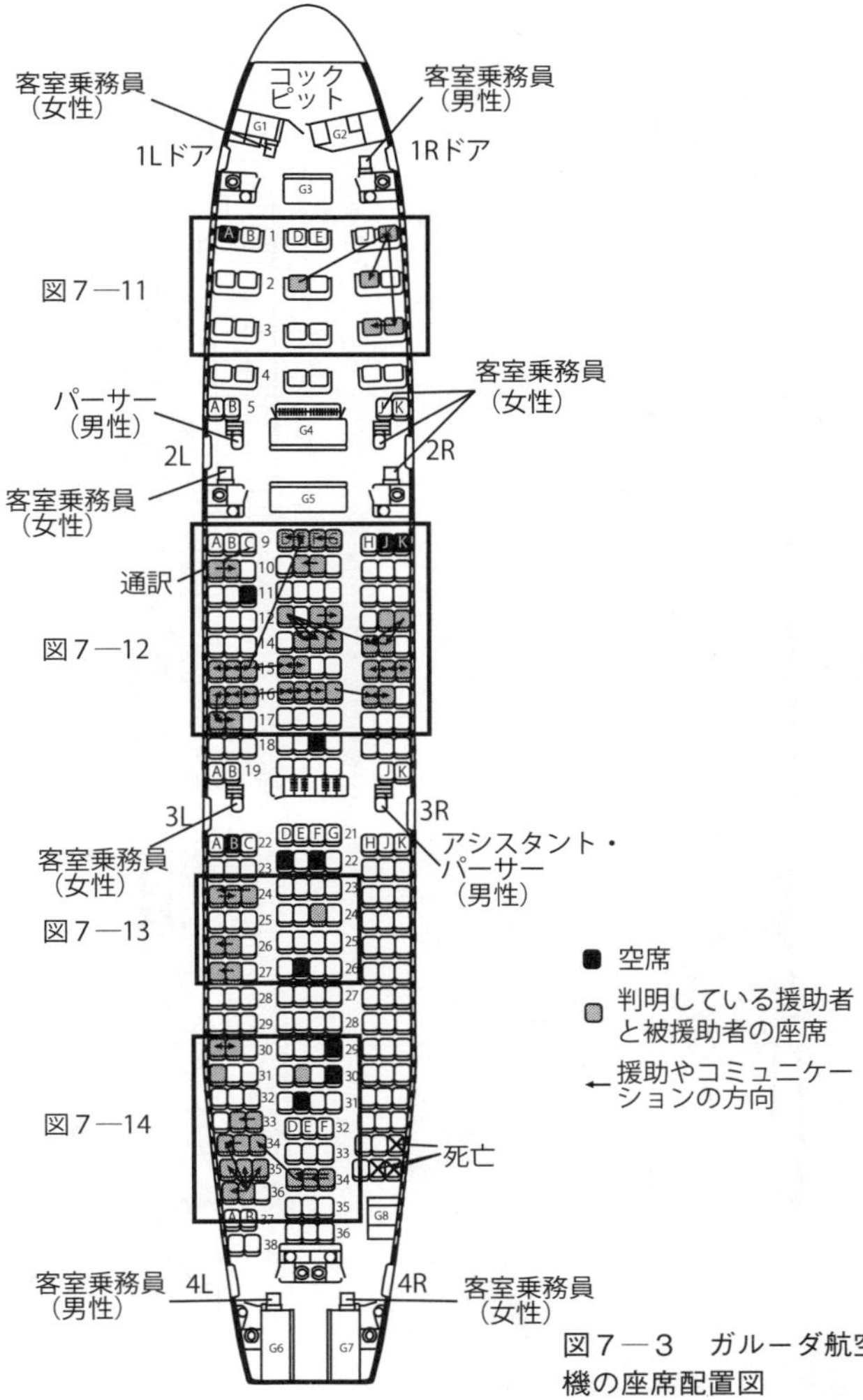

図７―３　ガルーダ航空機の座席配置図

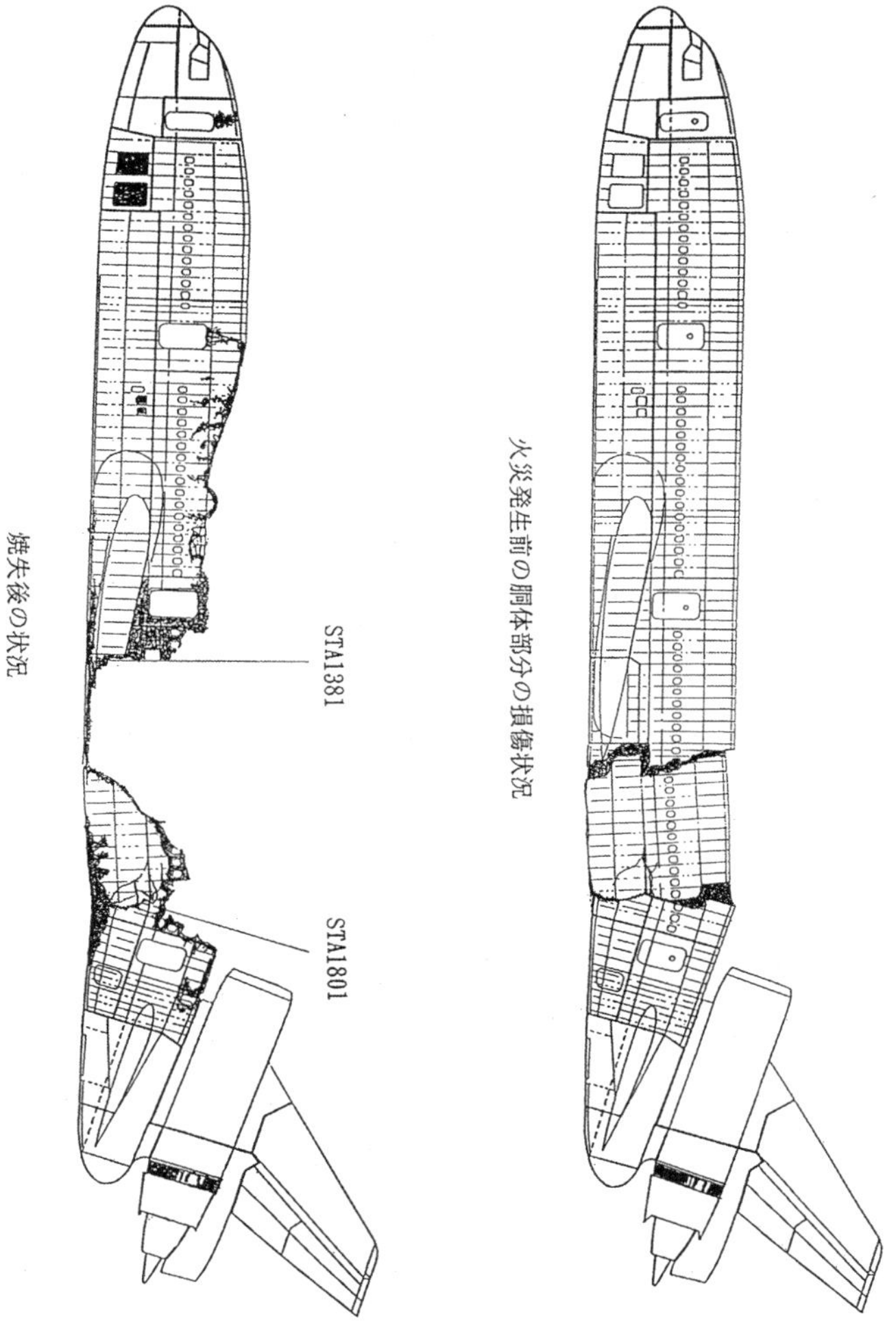

図7―4　機体の損傷状況（事故調査報告書より）

機長のエンジン故障の状況判断が的確ではなかったことが明らかになっている。[1]

本事故では乗員乗客合わせて275人中、乗客3人が死亡し、乗客16人と機長、副操縦士が重傷、乗客151人と航空機関士が軽傷を負った。また30K座席付近の床および35K座席後方の胴体には亀裂が入っていた。脱出箇所別の脱出乗客数は次の通りであった。1Rドア2人、1Lドア4人、2Rドア19人、2Lドア64人、3Lドア117人、4Lドア27人、30K座席付近床の亀裂2人、35K座席後方の亀裂14人、不明8人。[2] 3Rと4Rのドアは使用できなかった。

調査の目的

NHK社会情報番組部は事故機に乗り合わせた260人の乗客のうち連絡先のわからなかった人を除く219人にアンケート並びに電話によるインタビューを実施し、事故機の機内の状況や脱出方法等について調査した。筆者はそのデータ分析を依頼された。[3]

1982年から85年の4年間の全世界の旅客機（重量5・7トン以上）の事故は172件、死亡者5089人、生存者2624人であり、1年当たりの平均値は43件、死亡者1272・3人、生存者656人であることが明らかになっている。[4] 事故の程度は様々であるが、それでも3分の1くらいの生存者が存在する。これらの事故の特徴を列記すれば次のようになる。

①死者の73%が離着陸時の事故によるものである。

②旅客機事故の25%に事故後の火災が発生している。
③事故の69%は空港内で発生している。
④火災発生の主な原因は主翼の燃料タンクからの燃料漏れである。
⑤人間の生存にとっての脅威は高温の有毒ガスの吸入、火炎にまかれること、視界を遮る煙、客室内の可燃物のフラッシュオーバー、燃料タンクの爆発である。

本事故は離陸時に空港内で発生し、また炎上したにもかかわらず生存者多数ということで比較的幸運な事故といえるであろう。航空機事故の場合には一般に機体の状態や乗務員の操縦方法について綿密な原因究明がなされ、それについての報告書(5)や解説書(6)もある。しかし乗客の行動についての研究はほとんど行われていない。ただし、地震や火災等の緊急事態における人間の行動に関する調査研究やそのような事態を想定した実験的研究は行われているので、これらの研究で見出された研究結果が航空機事故の乗客の行動に当てはまるのか否かを検討することは可能であろう。

従来の災害研究によれば発災直後には、人は茫然《ぼうぜん》自失《じしつ》、次に混乱と狼狽《ろうばい》の状態になるといわれている。(7・8) 場合によっては脱出をあきらめたり、事態の深刻さを過小評価したり、正常であると思い込む**正常化偏見**(normalcy bias)を通して心的な防衛を行うこともある。(9) しかし危険が眼前に迫れば脱出せざるをえなくなる。

脱出する場合には暗闇や煙の充満、あるいは不慣れな場所のために脱出口や脱出ルートがわからない場合もある。そのさいに脱出の手がかりになるのは他者の行動である。危機事態では他者に追従する傾向が強くなることが明らかにされている。また行動の柔軟性が失われ、一つの行動を続けようとする執着傾向が高くなる。たとえば、ある出口をいったん選択したら、すぐそばに簡単に脱出できる出口があるにもかかわらず、そこに固執して無理に脱出しようとすることが先に述べた実験等によって示されている(10・11)。

このような非合理的行動を抑制する要因の一つがリーダーシップである。緊急事態のリーダーシップの重要性を指摘した研究者は数多い(12・13)。脱出開始直後の「時間は十分ある、落ち着け」という情緒安定指示が被誘導者の誘導者に対する追従度を高めることを見出した研究もある(14)。また筆者は緊急事態で集団メンバーが自由に発言できるような事態を実験的に設定したところ、そのような集団では少数のリーダーが自然に発生した。そして脱出のさいにリーダーがメンバーを明確に指定し（たとえば「誰々さん」）、順序づけ（たとえば「順番に」「1人ずつ」）、脱出を指示するような発言（たとえば「誰々さんから行って」）をした場合、しかもそのような発言が実験開始から間もなくなされた場合、脱出成功率が高くなることが明らかになった(15)。以上の諸研究から、事故発生直後にリーダーは自分がリーダーであることを集団メンバーに明確にわかるように行動すべきであり、そして力強いリーダーの存在が集団成員に安心感を与えることが示唆された。また集団成員はリーダーに依存的になり、リーダーの指示に忠実に従うような傾向が強くなることも明らかになった。

このように緊急事態ではリーダーが発生しやすくなる傾向があるが、集団によっては、あるいは状況によっては多数の人に影響を及ぼすようなリーダーが発生しないこともある。そのような場合、身近な人同士の相互援助が重要となる。ただし、緊急事態でしかも複数の人がいる場合、メンバー間に責任が分散し、相互援助行動が生起しにくくなることを示した研究もある[16・17]。本事故も多数の乗客がいる緊急事態ということで、従来の研究結果から予測すれば援助行動が起こりにくい事態とも考えられる。

調査方法

ここでは客室内の破損状態に関する乗客の認知、事故発生直後の茫然自失、混乱と狼狽、脱出口の選択、同調・執着、リーダーシップ、乗客間の相互援助について検討した。

調査時期は事故発生から4日後の6月17日から7月14日までであった。事故発生直後から1ヵ月以内で調査は終了した。回答者は電話調査に応じた人を含めた場合、全部で219人（全乗客の84％、最年少11歳、最高齢77歳）、そのうち男性が108人（平均年齢47・3歳）、女性が86人（41・3歳）、性別不明が25人であった。なお、乗員は回答者に含まれていない。年齢は10代が7人、20代34人、30代20人、40代46人、50代37人、60代28人、70代5人、年齢不明42人であった。また質問紙を返送してきた人は170人、男性が89人（平均年齢47・0歳）、女性が77

人（41・1歳）、性別不明が４人であった。分析の対象はこの１７０人の質問紙であった。

調査方法としては３種類の方法を用いた。第１は託送調査のような方法である。本事故の場合、団体旅行客が大部分（判明している団体は全部で８団体）を占めているために、調査員が各団体のうち数人の自宅に出向き面接調査を実施し、また他のメンバーへのアンケート用紙の配布をお願いした。質問紙の回収は各メンバーによる郵送とした。この方法によるものが回収された質問紙の約８割である。第２は郵送法である。第３は電話調査である。電話調査で得られたデータは座席位置と使用脱出口のみである。

質問紙は次のような内容であった。

①事故当時の乗客の座席位置、②脱出するさいに使用した出口の位置とそこに至るまでの経路、③事故発生時の機内と乗客の様子、④自分自身の身の安全感、⑤出口選択の理由、⑥出口の状況、⑦脱出時に他者から聞いた指示や声の種類、⑧指示者の種類、⑨他者から手助けを受けたか否か、⑩助かった理由、⑪身体的・精神的後遺症等。

これらについて自由記述法並びに多肢選択法を用いて調査した。

2　事故発生時の客室内

客室内の破損状況に関する乗客の認知

機体の損傷状況図（図7―4）によれば機体の胴体中央部から後方にかけて焼損していることがわかる。また機体後方に近づくにつれて損壊程度が大きくなっていることがうかがえる。次に機内の損壊状態についての乗客の自由記述の一部を記載する（カッコの中は性別、年齢、座席位置を示す）。

座席1～4

左前方に座っていたスチュワーデスが大きな声で叫んでいた。同時に、天井の内壁などがミシミシと壊れて落ちてきて、機内は白っぽい空気になった（女性、36歳、1D）。

シートベルトが外れるのでは、と思ったほどの振動・揺れ（男性、45歳、1E）。

離陸後すぐ着陸、減速もせずそのままオーバーランし、2回続けて強い衝撃があった。機体が激しく上下に揺れて荷物が落ちてきて、内壁が壊れ、酸素マスクが機械ごと落ちてきた。止まるとき、それらの物が一気に前に飛んできた（男性、28歳、2D）。

座席9〜15

座席前のビデオパネルが2度目のバウンドのときに外れて、止まった衝撃で1メートルくらいずり落ちてきた（女性、28歳、9D）。

搭乗口に座っていた乗務員が椅子の上で飛び跳ねていた。9E席上には2平方メートルくらいのパネル（多分天井の壁）が落ちかかり、煙は見えなかったが、誰かの「臭い、何かが燃えている」といった声が聞こえた（女性、32歳、9F）。

飛行機が飛び立った瞬間、下のほうで何か引っかかったようなガガガッー！という音。私たちの体もがくがく。隣の人に「今のは何？」と問いかけていると、とたんに横揺れ、前のめりの衝撃。「どうしたの！　どうしたの！」と悲鳴が上がり、天井や荷物が落ちてきて、私の肘に当たった。いつも車を運転しているので思わずブレーキを必死でかける動作をした（女性、60歳、10B）。

旅行鞄《かばん》が入っているボックスが落ちてきた。後方から女性の悲鳴と「火が出ているから早く逃げなさい」の声がしたので、あわててベルトをとって逃げた（女性、28歳、10C）。

棚の荷物が落ちてきて、各部の部品が外れ、酸素マスクが下り、座席が前に移動した。止まった後、機内後方から煙が回ってきた。後ろを見たら、火が上がって、空が見えていた（男性〔添乗員〕、27歳、12D）。

人の叫び声の後、機内でばりばりという音がし、怖くて下向きになっていたので他人の姿は全く見えなかった。飛行機が止まって初めて手荷物ボックスの蓋がぶら下がっているのが見えた。後ろを見ると煙と火が見えたのであわてて飛び降りた（女性、63歳、14G）。

大きな音がして機体が上下に揺れた。真ん中の椅子はかなり前のほうに倒れていた。酸素マスクがぶら下がり、後ろを見ると黒煙がやってきていて5メートルくらい後ろは全く見えなかった。皆「キャー」と言って前のほうへ動いていたので前が出口だと思った（女性、40歳、14H）。

席が前にずれて、ものすごい音と震動があった。天井から四角い板が落ちてきて友人の頭に当たった。他にも上から物が落ちてきていた。機内が突然暗くなった（女性、38歳、15B）。

2度目の衝撃と同時に天井が落ち、前の座席が倒れ、物が飛び、一瞬機内がオレンジ色になり、真ん中の列の一番前のところに火がぼっと一瞬出た。その後、後方から黒い煙がもうもうと立ちこめてきた。早く止まってくれと思っていたところ、横に滑る感じで止まった（女性、33歳、15C）。

通路を挟んで隣の座席から炎が上がった。前の座席が外れて飛んだ。天井から荷物や電球、壁のようなものが落ちてきた（女性、22歳、15G）。

ドスンという音の後、座席の下から火が吹き出た（女性、59歳、15H）。

左下の座席から炎が出て煙が充満してきた、火はすぐ消えた（女性、44歳、15J）。

座席が前に倒れ、マスクが落ちてきた。足元から炎と煙が出てきた（女性、44歳、15K）。

座席16〜19

酸素マスクが出てきた。機内の荷物が落ちてきた。左窓の外（左翼）から炎が上がった。煙が充満してきた（女性、25歳、16A）。

飛んだと思ったら、「ガガー」と、車のブレーキをかけたような音がして前の座席に倒れかかった。外では炎や煙が見えた（女性、54歳、16D）。

事故発生とともに16H、16Jの足元から煙が出ているのを見た。上からは通路に荷物が落ちるのを見た。おかしいと思い、ベルトを外し、出ようとしたが煙に巻かれ、口と鼻をジャケットで押さえ逃げた（女性、55歳、16E）。

天井が崩れ、右の通路、前方下より火が出たので驚いて左の通路へ出た（女性、28歳、16G）。

天井が壊れて自分の足元から炎が上がった（女性、25歳、16H）。

天井の荷物置きの戸や、救命具（マスク等）が落ちてきた。後方足元よりバーナーのような火が吹き付けてきた。パチパチと燃える音がしてきた（女性、24歳、16J）。

足の下に置いていた荷物が、前のシートの下まで飛んでいった。荷物棚がバタバタと開き、上から荷物がボロボロと落ちてきた。通路の4列になった席が前後に揺れているように見えた。

機内はねずみ色の煙が立ちこめた。外を見ると羽のところのファンから火が見えていた（女性、23歳、17A）。

座席22〜30

機体落下直後のブレーキングで体が前のめりになり、シートベルトが腹部にきつく食い込んだため、大方の人がワーと悲鳴を上げた（男性、59歳、22A）。

頭上から蛍光灯の管が座席にいた嫁の頭上に出てきて窓際から白い煙が後ろのほうから湧くように出てきた（女性、63歳、24B）。

体を丸くして、死を覚悟したので、客室内のことはわからない（男性、68歳、24D）。

天井に亀裂が入り電線がぶら下がってきた。顔に当たってピリッとした。足元から白い煙がもくもくと上がってきて、目・喉が痛かった（女性、63歳、25A）。

蛍光灯、ジュラルミンの部品等が落ちてきた。後ろの席の下から黒煙が吹き出していた（男性、69歳、25C）。

天井から内壁材が落ちてきた。左窓外（主翼付近）で炎が上がっていた。頭上後方で機体が割れ、空が見えた（男性、47歳、25F）。

2回目の衝撃にて機内の破損物が天井から落ちてくるのと水が降ってきた（男性、61歳、25H）。

機内の荷物やエアマスクのボックス、天井板等落ちてきて、左側の窓の外は炎が燃え上がり、落下物でなかなか逃げられなかった（女性、60歳、26A）。

着地した後ブレーキがかかり前のめりになった。振動がだんだん激しくなり、後方から物（天井板や荷物入れの蓋等）が飛んできた。シートベルトをしていたので体は固定できたが、座席の背当て部分はほとんど前に倒れた。走っている飛行機が停止するまで何もすることはできなかった（男性、56歳、26C）。

ドンドンドン、同時に座席に座り込む。左側見ると、天井のパネルが落ちる。右側荷物が飛んでいた。最下の床板がはがれ、煙が入ってくる。火花が見えた（男性、62歳、26F）。

板壁のようなもの、荷物入れのようなもの、空気の取込口、照明灯セットの四角い物が電線につながったまま落ちてきた（女性、62歳、27A）。

座席が傾き、天井のパネルが右側通路に落ちてきた。また、荷物が上のほうから落ち、後方より前のほうへ転がっていった。室内に煙が充満してきた。左後方の外のほうで炎が上がっていた（女性、38歳、27G）。

機内が真っ暗になり頭上の荷物が落ちてきた。黒煙が充満し喉が痛くなった。パネルのようなものがはがれ落ち通路をふさいでいた（男性、24歳、28G）。

着地と同時に天井全体が破壊、落下しパニック状態。炎と煙が機内に入ってきた。煙の充満により脱出が困難な状況であった（男性、64歳、28J）。

機内のパネル等が落ちたり歪《ゆが》んだりして室内がだんだん狭くなっていくような感じ（男性、26歳、29E）。

両側の荷物が落ちてきた。左から黒っぽい煙が出てきて、すっぱい臭いで息ができなかった（男性、23歳、29Ｆ）。

天井の電気が頭の上に落ちてきたので手で押し上げようとしたら感電した（男性、43歳、30Ａ）。

煙が出て苦しかった。周りはほとんど見えず、かすかに左側前方から光が見えた（男性、45歳、30Ｂ）。

座席31〜38

左の荷物棚がプラモデルの壊れていくような状態であった。客室内に黒煙が充満し左側より炎が上がっていた（男性、62歳、31Ｃ）。

急ブレーキとともに足元や通路に荷物が押し寄せた。その後すぐ天井から荷物やパネルが落下したりぶら下がったりしてきた。止まると同時に煙が充満した、悲鳴や叫び声が聞こえた（男性、46歳、31Ｊ）。

機内の荷物棚や天井から物が落ち通路をふさいだ。左主翼から炎が見えたと同時に黒煙が入ってきて息苦しくなり、早く脱出しようとした。通路側の下が50センチくらい空《あ》いていたので、そこを這って左主翼の３Ｌドアから脱出した（男性、48歳、32Ｃ）。

機体が持ち上がった瞬間、「右エンジンに火がついちょる」という声。すぐに着地。火が消えたとの声があり、止まるか飛ぶかするだろうと思っていたらすごいスピードで滑走路より外れた。県道を越えたときのものすごいショックで上部手荷物の落下があり、停止した。右窓は夕焼けのときのように赤々となっていた（性別不明、48歳、32J）。

通路はがれき等で埋まり天井が落ちて床も落ち、足元の荷物が消えた。煙が立ちこめ、周りの状態は全くわからなかった。足元が異常に熱くなった。外へ出なければと思い、落ちた天井の上によじ登り、前の人に続いてぼんやりと明るい非常口へ急いだ（女性、66歳、33A）。

最初に、天井が落ちるなど、機内が崩れた。途中から車輪が外れたせいか、ガリガリと機体の腹をこするような感じで床からの衝撃があった。床と左側の壁が離れていった。左横で見ていた窓が壁（機体）ごと左下に落ちたような状態で、外が見えなくなりどこを走っているのか全然わからなかった。飛行機が動いている間、体は激しく揺られ、動ける余裕はなかった。床と壁との間にできた亀裂から炎と真っ黒い煙が一気にやってきて息苦しくなりこのまま死んでしまうのかと思うほどだった（女性、28歳、34A）。

機内に煙が充満し、娘（35A）の前の席から火が出て、煙が充満していて隣も見えず、喉が痛く、息ができない。前の席の背もたれをしっかり握って体を支えるのがやっと（女性、43歳、35C）。

オーバーランしてガタガタ揺れガーンと音がして、すぐに荷物入れが落ち天井が落ちてきて、通路など私たちの周囲10人ほどふさがれてしまった（男性、54歳、36B）。

以上の証言から事故発生直後、機内は激しく損壊したことがわかる。ただ機内前方は破損の程度が少なく、座席11くらいまでは煙や炎を感じることもなかったようである。しかしそれ以後では「天井が落ちて床も落ちた」「荷物や座席が飛んだ」「感電した」「足元よりバーナーのように火が吹き付けた」「黒煙で5メートルくらい後ろは全く見えなくなった」「息ができなかった」「機体が割れ、空が見えた」といった報告があり、乗客はかなりの極限状況に追い込まれた模様である。特に最後部では機体が折れ非常口へ向けて上り坂になっていたり、壁や天井に周りをふさがれたりして脱出も難しかったことがうかがえる。死を覚悟した人もいたようである。死者が出たのも最後部とその前列である。

3　乗客の認識

事故発生直後の茫然自失

次の証言は事故発生直後の状態に関する自由記述の一部を取り上げたものである。

一瞬目の前の出来事が信じられなかった（女性、42歳、14J）。

何が起きていたのかわからず座っている人が多かった。事故発生直後、落下物を避けるように座り込んでいたスチュワーデスを見た（女性、24歳、16J）。

自分は最初大変なことが起こったということがよくわからなかったが、機内が異様な緊迫感に包まれ、本能的に逃げなくてはと思った（女性、23歳、17A）。

周りを見ている余裕はなく、何がなんだか一瞬わからなかった（女性、23歳、17B）。

頭の中が真っ白で何もわからない（男性、69歳、25B）。

女性の悲鳴が多かった。腰を抜かしている人もいた（男性、24歳、28G）。

最初は何が起こったのかわからず「何これ？」というような声だった。機内がバラバラと壊れ出してからは悲鳴に近い声に変わった（女性、28歳、34A）。

天井と椅子の間に挟まって、何がなんだかわからなかった（女性、49歳、35B）。

悲鳴が上がるばかりで何もできない。低い姿勢で伏せていた（女性、52歳、36D）。


これらの証言により、乗客は一瞬事態の把握ができず、茫然自失の状態になったことが推測される。

混乱と狼狽

悲鳴を聞いたと自由記述の中で回答した乗客は１７０人中53人、31・２％であった。かなりの乗客が悲鳴と混乱の中を脱出したことが推測される。

悲鳴、ぎゃー！　おぉー！　という声が聞こえた（男性、45歳、1E）。

ショートした音が聞こえ、前の人の髪の毛が焼けたようで、わー！　という悲鳴。天井も落ちてきて、混乱していた（女性、42歳、14J）。

きゃーという悲鳴が聞こえ、周りはパニック状態だった（女性、44歳、15J）。

自分の足元から炎が上がったので悲鳴を上げるとみんなが騒ぎ出した（女性、25歳、16H）。

自分のことで精一杯だった。煙で苦しく通路に出ようと思ったが、人ばかりで足の踏み場もなかった。そのとき後方から女性の声で「火が出たので急いでー」と聞こえた。もうそのときからというもの大パニック。どうして逃げたか覚えていない。爆発する、もうだめだと思った。無我夢中。何もわからない（女性、63歳、25A）。

「火がついたぞ、爆発するぞ」と後ろで叫び声がした。それから混乱した。乗客は非常口に押しかけた（男性、69歳、25C）。

座席から立ち上がる余裕がなく、悲鳴が上がったり、身をかがめたりという具合。恐怖で青ざめていた（女性、32歳、28F）。

逃げるのに必死であったが、出口はすでに人が一杯で逃げられないと思った。押さないでくださいとの声があったが、パニック状態だった。また、頭上より水のようなものが降り、これが燃料と勘違いされ、火を出すな、爆発するぞ、との声があちこちから上がった（性別不明、

48歳、32J)。

また狼狽状態を示す行動の一つとして「シートベルトが外れにくかった」と回答した人が10人いた。

あわてているのでシートベルトの外し方がわからず、隣の方(10A)に外していただいた(女性、60歳、10B)。

あわてて、ベルトを外そうとしたが、あわててるので外れなくて、友だちに引っ張ってもらって立った(女性、41歳、16B)。

シートベルトをしたまま逃げようともがいていたので「シートベルト外して!」と言った(女性、24歳、16J)。

夫(34B)が「シートベルトを外して」と何度も声をかけてくれているのにも気づかずパニックになっていた(女性、28歳、34A)。

シートベルトを外す手も震え、うまくいかなかった(男性、71歳、34J)。

次に事故発生時の乗客の様子について、多肢選択方式(１・混乱していた、２・覚えていない３・意外に落ち着いていた)により回答を求めた。

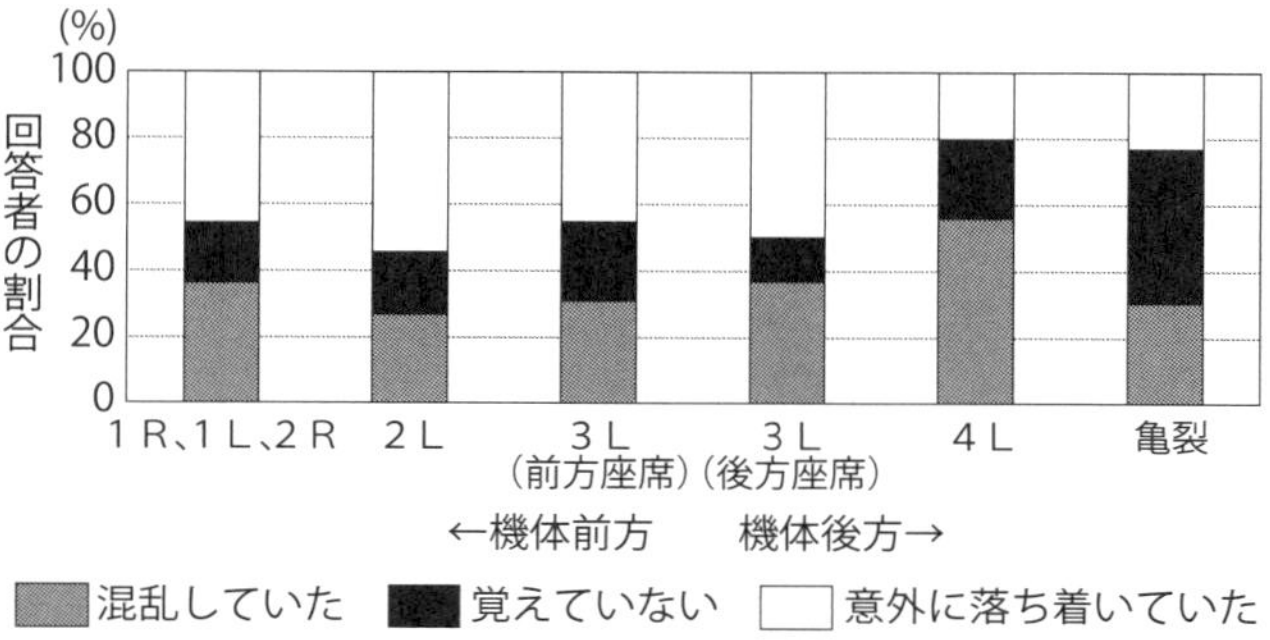

図7―5　各ドアから脱出した乗客の事故発生時の様子

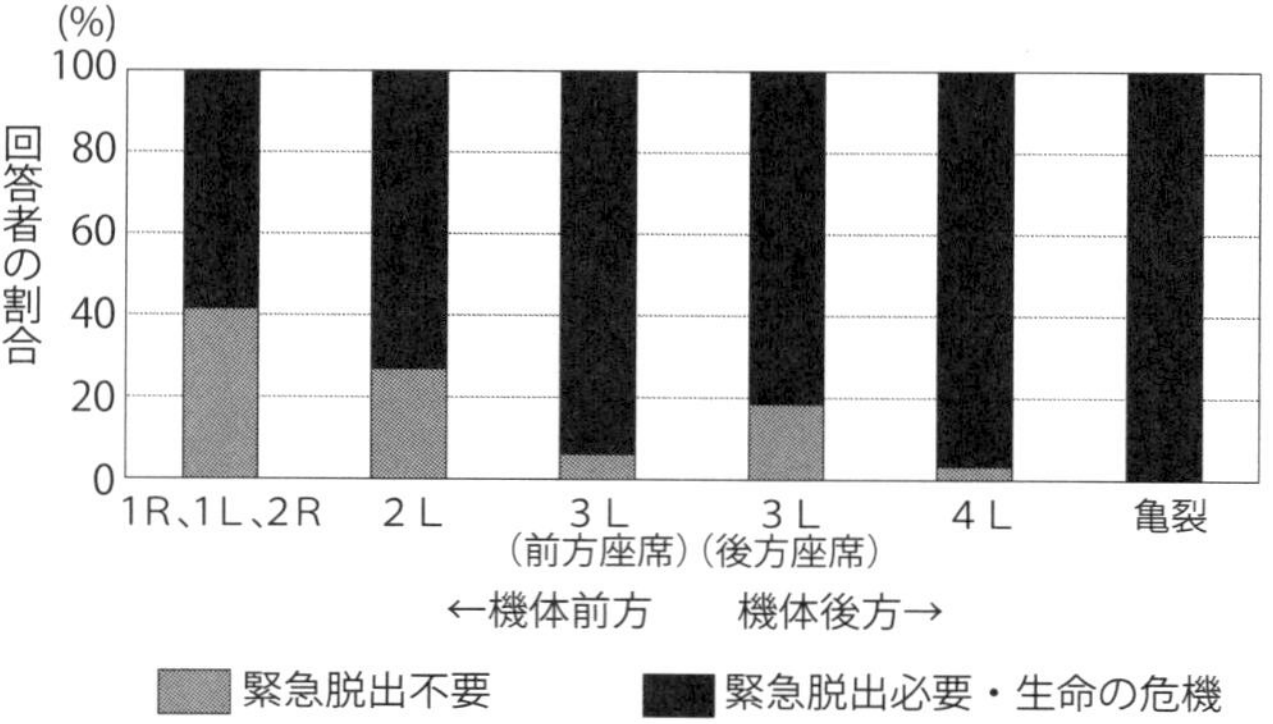

図7―6　事故発生時の身の安全についてどのように感じたか

図7―5は各ドアごとの出口選択の割合を示したものである。ただし3Lドアについてはこのドアから脱出した人の中で前方座席にいた人（座席25まで）と後方座席にいた人を分けて分析した。全体として「混乱していた」「覚えていない」と回答した人が「意外に落ち着いていた」と答えた人よりも多かったことが明らかになった。なかでも機体の後方、特に4Lドアと亀裂から脱出した人は「混乱していた」「覚えていない」と回答した割合が高い。

さらに「乗客自身の身の安全についてどのように感じたか」についても多肢選択により回答を求めた。図7―6はその結果を示したものである。図7―6から、すぐに脱出しないと生命が危ないと思った人の割合は8割ほどあり危機が差し迫っていたことがうかがえる。ただし、機体前方では危機を感じた割合が比較的低かったようである。この2つの図を見比べれば、生命の危機を感じながらも「意外に落ち着いていた」と回答した人が相対的に多かったことがわかる。これが「社会的望ましさ」、つまり立派な毅然とした行動をする人間として自分を見せかける傾向に沿った認知の歪みに影響されたものであるのか否かはわからない。

同調

図7―7は出口ドア選択の理由として、「人々がそちらの方向に向かう姿が見えたから」とか「大勢の人がその出口の前に集まっていたから」といった項目を選択した人の割合を示したものである。全体的に他者に同調・追従する傾向がかなり高かったことが明らかである。特に

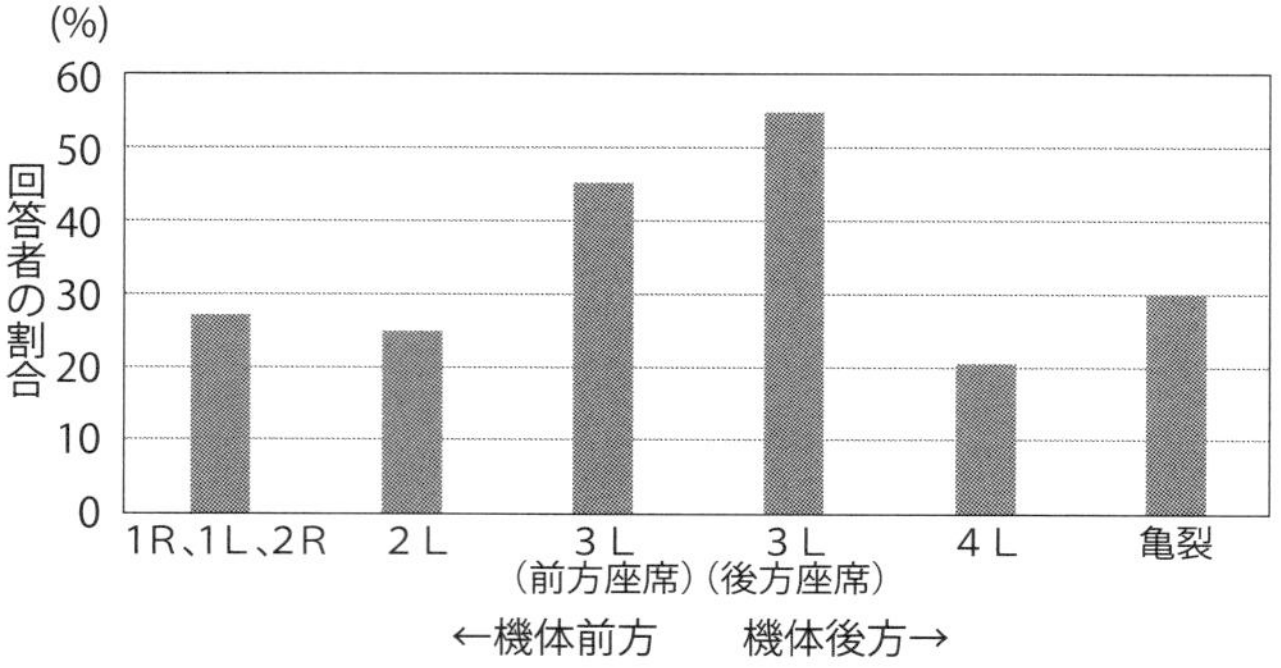

図７―７　他者への同調　出口選択の理由として「人々がそちらの方向に向かう姿が見えたから」「大勢の人がその出口の前に集まっていたから」などを挙げた人の割合

脱出者が集中した機体中央部の３Ｌドアにおける同調率が高い。それは次のような証言にも見られる。

　よくわからないが、前の人が行く方向についていき、前の人の背中だけを見た。通路まで行くと、もう人の波ができていたので、それに押されて進んだ（女性、23歳、17Ａ）。

　通路に出てからは人の混乱に紛れて、後ろの人に押されて非常口から外へ出た（女性、23歳、17Ｂ）。

　みんなが一定の方向に行っていたのでそれに続いた（男性、18歳、25Ｋ）。

　右後方を見ると１人、２人裂け目のほうに向かっているのを見て自分もそのほうに行って飛び降りた（男性、52歳、31Ａ）。

　隣の人が走って逃げていたので「出口があるん

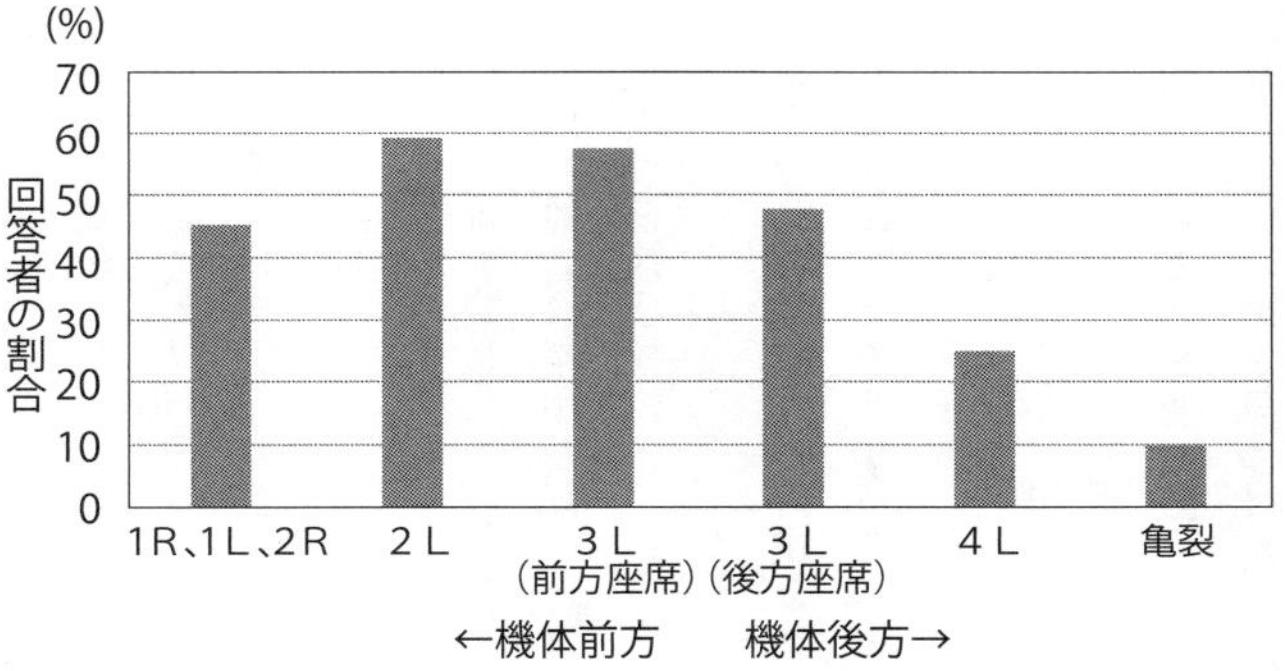

図7―8　出口ドアへの執着　「他の出口のことなど全く考えなかった」と回答した人の割合

だ」と思い、ついていった（男性、13歳、33D）。

誘導してもらったわけではないが、私の前に男の人が脱出するのが見えたので助かった（男性、45歳、33J）。

出口ドアに対する執着

他の出口ドアを選択しなかった理由（1・他の出口は見えなかった、2・他の出口のほうが危険だと感じた、3・他の出口のことなど全く考えなかった）について回答を求めた。その結果、「他の出口は見えなかった」が35%、「他の出口のほうが危険だと感じた」が7%、「他の出口のことなど全く考えなかった」が47%となった。「他の出口のことなど全く考えなかった」と回答した人が全体の約半数を占めていることがわかる。図7―8は選択肢3の割合を表したものである。機内の損壊状態の程度が比較的少ない前方の乗客の場合ほど、この回答割合が多い。すなわち他の出口を選択することが可能な事態でもいったん一つの出口を選択した場合には、そこに執着して他の出口は目に入らなかったということである。それに対して、４Ｌドアや亀裂から脱出した人の場合は、機内の損壊のため周りがふさがれてしまって「他の出口は見えなかった」との回答の割合が多く、４Ｌでは55％、亀裂では60％を占めていた。同調する余裕もなかったということになる。

荷物に対する執着

「荷物や靴を捜した」「他者から荷物を捜すことをあきらめて脱出するように指示された」、あるいは「他者に指示した」と自由記述の中で回答した乗客は45人、26・5％であった。次はそれに関する証言である。

爆発の恐れを考え、荷物を捜している客に「荷物はいいから早く脱出しましょう、出口はこちらですよ」と声をかけた（男性〔添乗員〕、27歳、12Ｄ）。

座席下のバッグを捜したがなかった。なくした自分のバッグを目の前の男の人が持っていたのでバッグを返してと言った（女性、59歳、15Ｈ）。

片方の靴がどこかへ行ってしまったので、止まった瞬間まず、自分の座席下、それもないので前の座席の下を捜し回った。「私の靴がない」と言いながら捜しているとき友だちのバッグが落ちているのを見つけた。友だちが「それ、それ」と指さしたので、「あ、バッグか」とわかり「はい」と手渡した（女性、41歳、16B）。「バッグを」と他の人が私に声をかけた。私はあわてていたので他人の茶色の靴を片一方だけ持っていたが、それを置いて、今度は非常用の黄色の袋を抱えていてそれも捨て、前の座席の下に落ちていた自分のバッグを持ち降りていった（女性、58歳、16F）。

私は手荷物を取りに帰った。後は煙で1メートルもわからず、手探りで脱出した（性別不明、48歳、32J）。

3人座っていて1人の人が「私のバッグは持ったから早く」と言われた。逃げようとしたとき、もう1人が「バッグがない」と言ったので捜したが煙が出てきたので、「荷物はいいから、とにかく逃げよう」と促した（女性、44歳、15K）。

「助かってよかった」「命があってよかった」「死んだと思った」「バッグを持ってこなかった」（女性、51歳、38A）。

このような極限状況下でも、かなりの人が荷物に執着していることがわかる。「機内であなたを一番安心させたものは何か」という質問に対して、以下のような回答もあった。「なくしたバッグを見つけたとき（女性、59歳、15H）」、「手持ち鞄を確保していたこと（女性、23歳、17A）」。所有物に対する執着の強さをうかがい知ることができる。

4　脱出時の行動

リーダーシップ

以上のような機内の激しい損壊や、乗客の一つの出口ドアに対する集中、出口や荷物に対する執着が見られたにもかかわらず、逃げ遅れを防げた理由の一つはリーダーシップにあることが考えられる。リーダーシップを発揮した人は機内の比較的後ろのほうに多く現れていた。平均年齢は45・1歳、男性が23人で女性が2人であった。最年少者は24歳、最高齢者は67歳であった。社会的地位としてはたとえば座席11Bは67歳の会社の経営者か上役と思われる男性で、11Aはその妻と思われる。12Dは27歳の男性の添乗員、24Cは66歳の男性の医者、29Cは26歳の男性で会社の専務である。29Bは29Cの同年齢の部下である。他の乗客の証言によれば29Cと29Bの発言が特に聞こえたようである。次は複数の他者に呼びかけるように「大丈夫だ。落ち着け。急げ」等を発言した人の性別、年齢、座席位置と当人の発言内容を示したものである。

「荷物はいいから早く逃げなさい」と自分の会社の従業員に声をかけた。「爆発するかもしれないから早く機体から遠ざかるように」と言った（女性、57歳、11A）。

「左のエンジンから火が出ている。爆発するからすぐ逃げよう」と言った（男性、67歳、11B）。

客の安否を確認。爆発の恐れを考え、荷物を捜している客に声をかけ、脱出しはじめたら、左2番目の非常口が開いてシューターが下りているのが見えた。客を誘導し一緒に機外に出た。客の1人が写真を撮りながら後ずさりしていたので早く逃げるように声をかけた（男性〔添乗員〕、27歳、12D）。

「火が出ているから荷物を置いて早く逃げろ」と言った（男性、29歳、15D）。

「急げ」と言って一緒に脱出した（男性、27歳、15E）。

咄嗟《とっさ》にスチュワーデスに身振りで非常ドアを開けるように促した。スチュワーデスは素早く対応した。非常ドアが開く瞬間、同僚と後続者に炎の逆流を想定し非常ドアより後退するよう指示した（男性、59歳、22A）。

「シートベルトを外して立て！　落ち着いて出口へ！　主翼から飛べ！」と言った（男性、66歳、24C）。

「大丈夫だ。急いで脱出しよう」と言った（男性、61歳、25H）。

私の「落ち着いて」という言葉や他の人のかけ声等に対する返事はなかった。その余裕すらなかったのだろう（男性、42歳、26G）。

「火が出てる。荷物はいいから出るぞ」と言った（男性、64歳、27B）。

「炎の回りが早いので、できるだけ遠くへ逃げよう。爆発の可能性がある」と言った（男性、45歳、27K）。

「燃料が爆発したら大変だから、できるだけ早く遠ざかろう」と言った（男性、53歳、28E）。

「落ち着いていこう」という意味の言葉を使った（男性、24歳、28G）。

「落ち着け、煙だけだ」と言っていたら、割れていた29の窓から煙の後、炎が頭上に上がった。

「火が出たぞ。急いで！」と言った。そのためか、なぜかスムーズに進んだ（男性、26歳、29B）。

「ベルトを外せ！」「出るぞ！」「出るから落ち着け！」「火が入ってきたぞ、急げ！」と指示した（男性、26歳、29C）。

「大丈夫か。爆発するぞ。機体から離れろ。走れ」と叫んだ（男性、43歳、30A）。

「落ち着いて、まだ大丈夫だから」と声をかけた（男性、35歳、30C）。

３Ｌの出口から皆を出すように叫んだ（男性、32歳、30F）。

「落ち着け」と怒鳴った。私も落ち着くため（男性、40歳、30H）。

「左後ろに出口があるぞ」と叫んだ（男性、46歳、31B）。

「荷物どころではない、早く出なさい」と言った（男性、62歳、31C）。

「落ち着け。大丈夫だ」と言った。自分で落ち着けと思った（男性、48歳、32A）。

「飛行機が爆発しないうちに脱出するぞ」と叫んだ（男性、49歳、32D）。

「後ろ右の非常口は開かないから、こっちにおいで」と大声で。「後ろ左の非常口へ早く！早く！」と叫んだ（女性、52歳、36D）。

「飛行機から早く離れろ！　爆発するぞ！」と叫んだ（男性、47歳、36F）。

以上の発言を他の乗客が聞き、それが行動に良い影響を与えたことが以下の証言から示唆される。

乗客の方の「落ち着け、あわてるな」等の言葉で我に返ったので落ち着いて行動できたと思う（女性、26歳、21E）。

「落ち着け、大丈夫だ。落ち着いて外へ出ろ」という見知らぬ男性の力強い声がした（女性、33歳、24A）。

同じ職場グループの人に「奥さん、あわてんでゆっくり飛びなっせ」と言われて、はっと我に返り翼から飛び降りた（女性、63歳、25A）。

悲鳴が上がっていたが、別の乗客より「落ち着いて」の声も上がり、非常口に乗客が殺到はしていたが、脱出するときは案外スムーズに脱出できた（匿名、25D）。

後ろのほうで若い男性の声で「落ち着いて」「大丈夫だ」などの大声が聞こえていた。こちらの気持ちも落ち着いた。ああいうのを天の声というのかもしれない（男性、77歳、27C）。

会社の人の「落ち着いて！　落ち着いて！」という声に我を取り戻した（女性、54歳、27F）。

後ろの席の男性の方の「落ち着いて！」という言葉に安心した（女性、55歳、28B）。

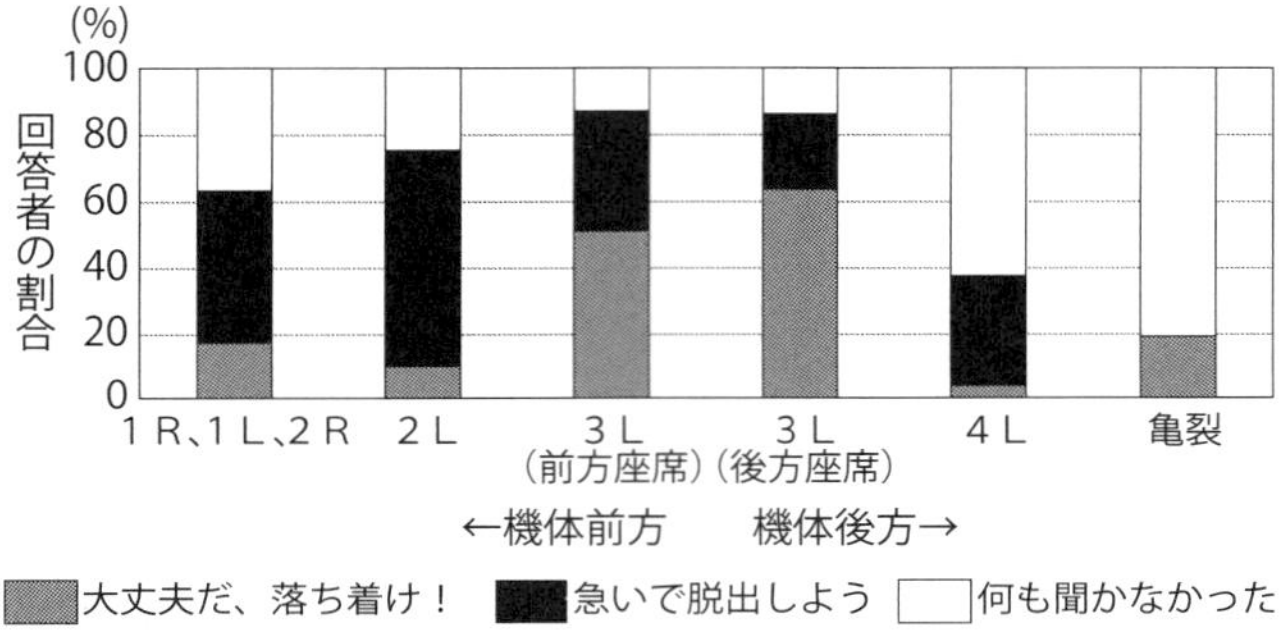

図7—9　他者からの指示や声

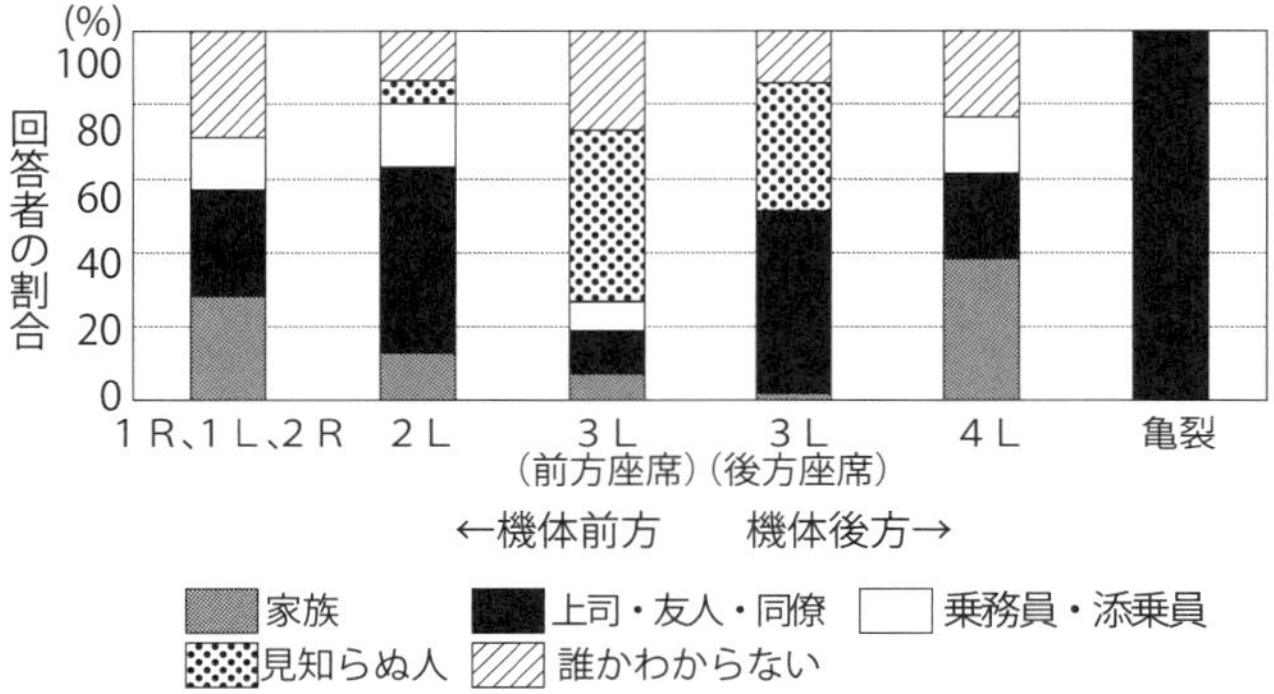

図7—10　どのような人から指示や声を聞いたか

事故発生時、「頭を下げろ！」、停止後「こっちぞ！」という、会社上司の声が聞こえた（男性、26歳、29B）。

図7—9は各ドアから脱出した乗客が脱出時に他者から聞いた指示や声の種類を示したものである。場所によって指示内容が異なる。たとえば3Lドアの利用者、特に後方座席のほうの人は「大丈夫だ、落ち着け！」という声を聞いた人が多く、逆に「急いで脱出しよう」とか「何も聞かなかった」と回答した人が少ないことが明らかになった。一方、機体前方の人は「急いで脱出しよう」という声を聞いた人が多く、また損壊状態が激しい機体後方の人は「何も聞かなかった」人が多い。機体の損壊状態がリーダーの発言に影響したことが考えられる。

次の図7—10は「どのような人から指示や声を聞いたか」という多肢選択方式の質問の結果を示したものである。ここでも場所によって指示者の種類が異なる。脱出者が最も多かった機体中央部（特に3Lドア利用者の中の前方座席）の人は見知らぬ人から指示を聞いたと回答した人が最も多く、一方、後方の4Lドアの場合は家族が多く、そして亀裂では全員が友人・同僚であった。脱出に比較的余裕があったと思われる機体前方では添乗員の声も含めて様々な人の指示が聞こえたようである。全体的に家族や知人の割合が多く、ほとんどの出口ドア利用者の5割近くを占めている。家族・知人の声に導かれて落ち着きを取り戻し、脱出したことがうかがえる。

乗客間の相互援助

脱出するとき、誰かの手助けを受けたと回答した人は全体の17％、受けなかった79％、覚えていない4％であった。手助けを受けなかった人が多かった。ただし、機体後方の４Ｌドアの利用者に関しては手助けを受けたと回答した人が48％であった。これは機体損壊が激しかったからであろう。この場合の手助けとは他者を背負ったり、手を引いたりするような手助けであり、他者が動ける状態であれば、このような意味での手助けはあまり必要ではない。そこで言葉による励ましや情報交換も援助と見なして分析したところ、次のような結果が明らかになった。カッコの中の数字はドア別の言葉を交わした割合である。１Ｒドア、１Ｌ、２Ｒ（67％）、２Ｌ（73％）、３Ｌ前方座席（59％）、３Ｌ後方座席（50％）、４Ｌ（56％）、亀裂（33％）となった。言葉を交わした人は全体の58％であった。そして先述の手助けと異なって、破損が少ない機体前方ほど言葉を交わしたと回答した人が多い。言葉を交わした相手としては友人・同僚が60％、家族が28％、添乗員が５％、見知らぬ人が６％であった。このようにかなりの人が友人・同僚や家族と言葉を交わしながら脱出したようである。そのようなことが可能だったのは、団体旅行客が乗客の大半を占めていたからであろう。

次の図７―11～７―14は援助者や被援助者の座席位置と、援助の方向の一部を描いたものである。この図から同じ団体のメンバーが近くに座り、また手助けや声かけも大体、家族や同一団体内で行われていることがわかる。援助の具体的な証言内容を次に示す。これは援助に関する証言の一部を取り上げたものである。カッコの中のGは団体を示している。GN／Aは所属不明である。

夫（G1、男性、28歳、２D）がすぐに来て、子どもを抱いてくれ、また誘導してくれた。義妹（G1、女性、27歳、２J）と義父（３K）に「早く早く」と手招きした（G1、女性、26歳、1K）。

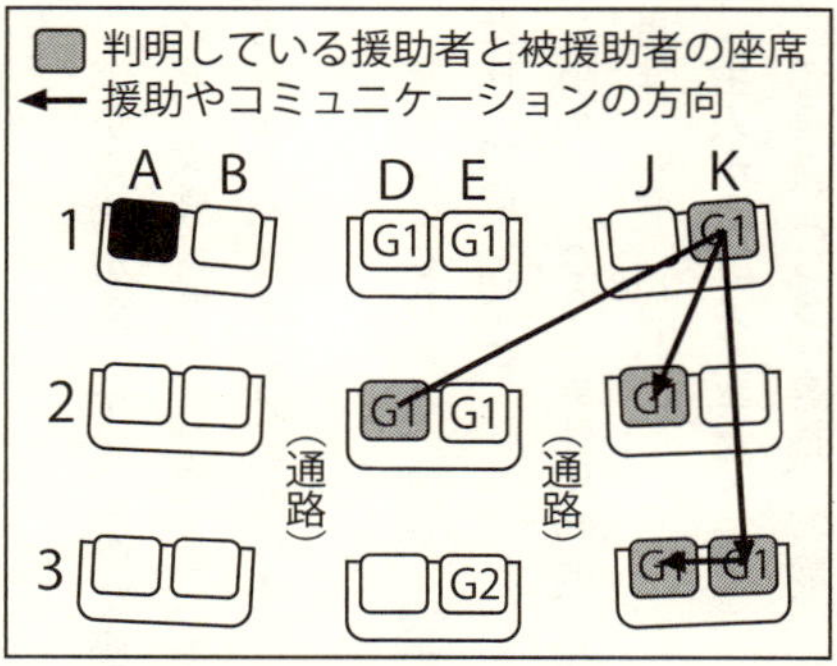

図７—11　判明している援助者と被援助者の座席位置と、援助の方向の一部（１～３列）

「お互いに無事でよかった。早く行こう」と妻（G1、女性、53歳、３J）に声をかけた（G1、男性、70歳、３K）。

オーバーランしはじめて止まるまで隣の同僚（G3、女性、28歳、９D）に手を握らせてもらってた（G3、女性、28歳、９E）。

会社の同僚（G4、男性、年齢不明、９G）が手を引っ張って出口に連れていってくれて、エアシューターを一緒に飛び降りてくれた（G4、女性、32歳、

9F）。

上から物が落ちてくるので座席の下に体を入れようとしたが入らない。すると隣の方（GN／A、女性、44歳、10A）が「もぐっている場合ではないよ。一刻も早く脱出しないと！」「でもシートベルトが外れない！」と言って、外し方を教えてもらった（GN／A、女性、60歳、10B）。

隣の人（GN／A、男性、53歳、10F）の「大丈夫ですか」の声かけで我に返った（GN／A、女性、58歳、10E）。

隣の人（G5、男性、46歳、12G）がシートベルトが外れないというので外してあげた（G5、男性、46歳、12F）。

主人がカゴメ（姿勢を低く）、カゴメと何度も言った（G5、女性、54歳、12J）。

添乗員（G5、男性、27歳、12D）さんから「荷物はいいですから、早く逃げてください」、子ども（G5、女性、21歳、14F）に「早く」と言われ、引っ張られるようにして逃げた（G5、女性、46歳、14E）。

私が「荷物がない」、姉（G5、女性、42歳、14J）は「靴がない」とあわてていると、父（G5、男性、72歳、12K）が「あわてるな、落ち着け」と言い、向こう側で添乗員（12D）から「早く降りてください」、姉から「もういいから早く降りよう」と言われた（G5、女性、40歳、14H）。

男の人が立てないでいて、もう1人の男性が飛行機から離れた場所に引きずっていった（14H）。

周りの人が出口を教えてくれた。友人（G3、女性、38歳、15B）に「大丈夫か」と聞かれ、「手をつないで」と言われた（G3、女性、30歳、15A）。

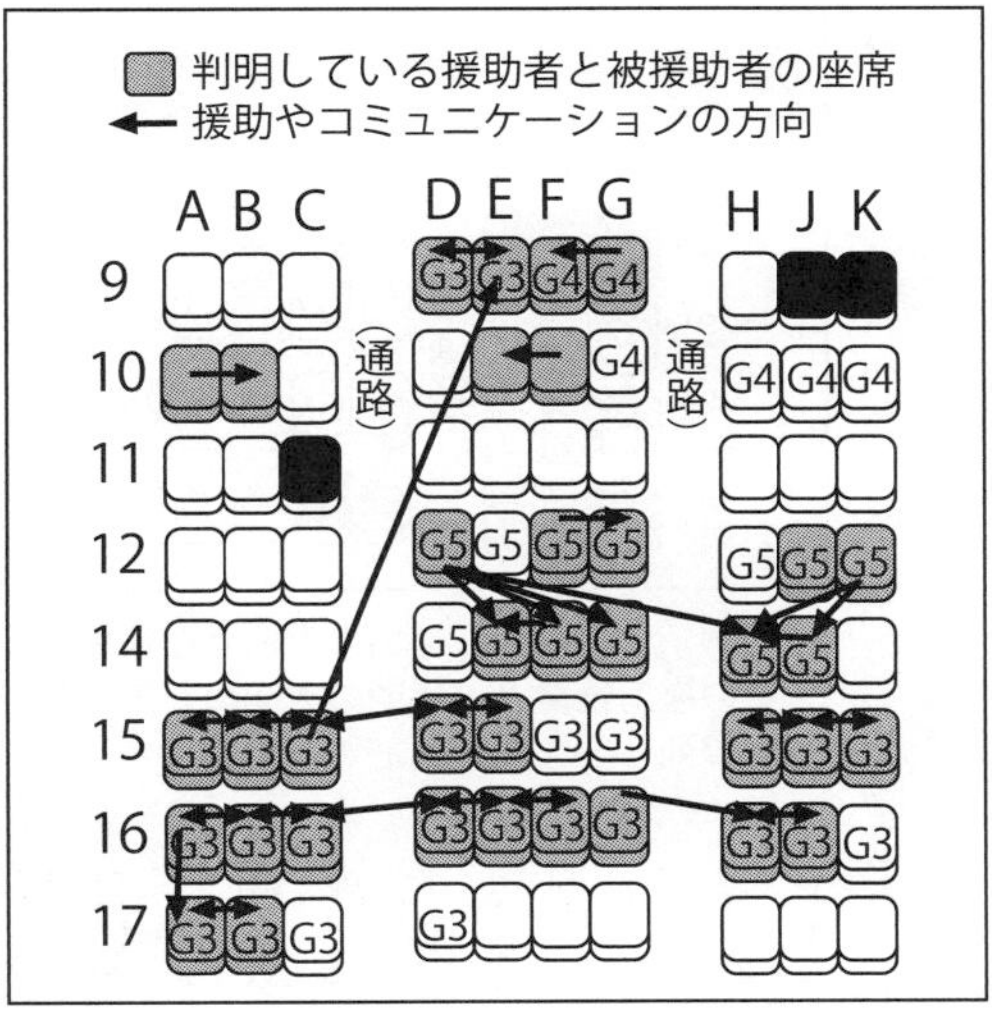

図7―12　判明している援助者と被援助者の座席位置と、援助の方向の一部（9～17列）

両側に友人が乗っていて、お互いに声をかけあい、手をつないで脱出シューターまで走っていった。友人（15C）の決断力があったので早めに脱出できた。1人では何もできなかった（15B）。

機体が停止したさい、15Bの同僚が「靴がない、靴がない」と言いながら捜していたので「それどころではない」と言い、荷物を入れている上の棚から鞄を取り持たせ、「鞄だけでいいから」と、肩か腕をつかみ、15Aの同僚と「手をつなぐ」ように言い、3人

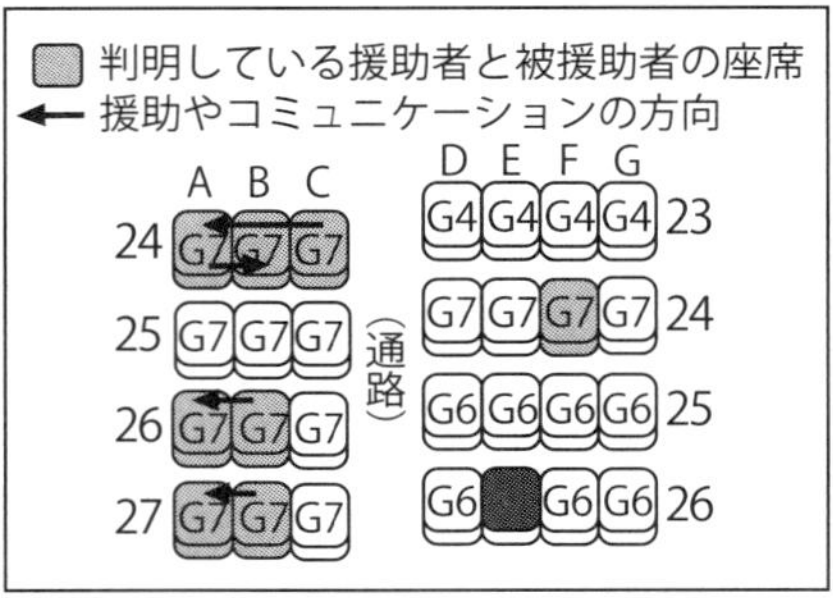

図７―13　判明している援助者と被援助者の座席位置と、援助の方向の一部（23～27列）

で脱出口に向かったが、後方３番目は火があったので２番目に向かった。途中９Ｅで同僚が天井から落ちてきた物に挟まれていたのが見えたので「大丈夫、落ち着け」と声をかけ手を引っ張り先に脱出させた（Ｇ３、女性、33歳、15Ｃ）。

　左側２番目の出口で大きな壁のようなものに挟まれ身動きがとれないでいると、職場の先輩（Ｇ３、女性、28歳、16Ｇ）が助けてくれた（Ｇ３、女性、25歳、16Ｈ）。

　父（Ｇ７、男性、66歳、24Ｃ）は「シートベルトを外して立ち上がれ」と言った。私は「はい」と返事をして、母（Ｇ７、女性、63歳、24Ｂ）に「荷物は置いてとにかく出よう」と言った（Ｇ７、女性、33歳、24Ａ）。

　前方の出口に向かって座席の上を進み、あわてて降りたとたんに左足が座席の間に挟まれて身動きができなくなった。人々に押されて倒れた。踏み倒されると思い、必死で座席の端にしがみついていた。ちょうど友人の顔が見えたので「外して」と頼み外してもらってあわてて機外に出た（Ｇ７、女性、58歳、24Ｆ）。

　１回目の着地のとき、家内（G７、女性、60歳、26A）に頭を下げるように言った。脱出のときは26B、26Cの間に落下した天井のパネルが取れず、家内に早く早くと言われたが取れないので押し曲げて乗り越えた。家内にも指示した（G７、男性、62歳、26B）。

　座席に挟まった靴を引っ張っていたら夫（G７、男性、64歳、27B）が「出るぞ」と言ったので、椅子の上にぴょんぴょんと上がって外に出た。翼の上でうろうろしていたら制服を着た男の人が手を差し伸べてくれた（G７、女性、62歳、27A）。

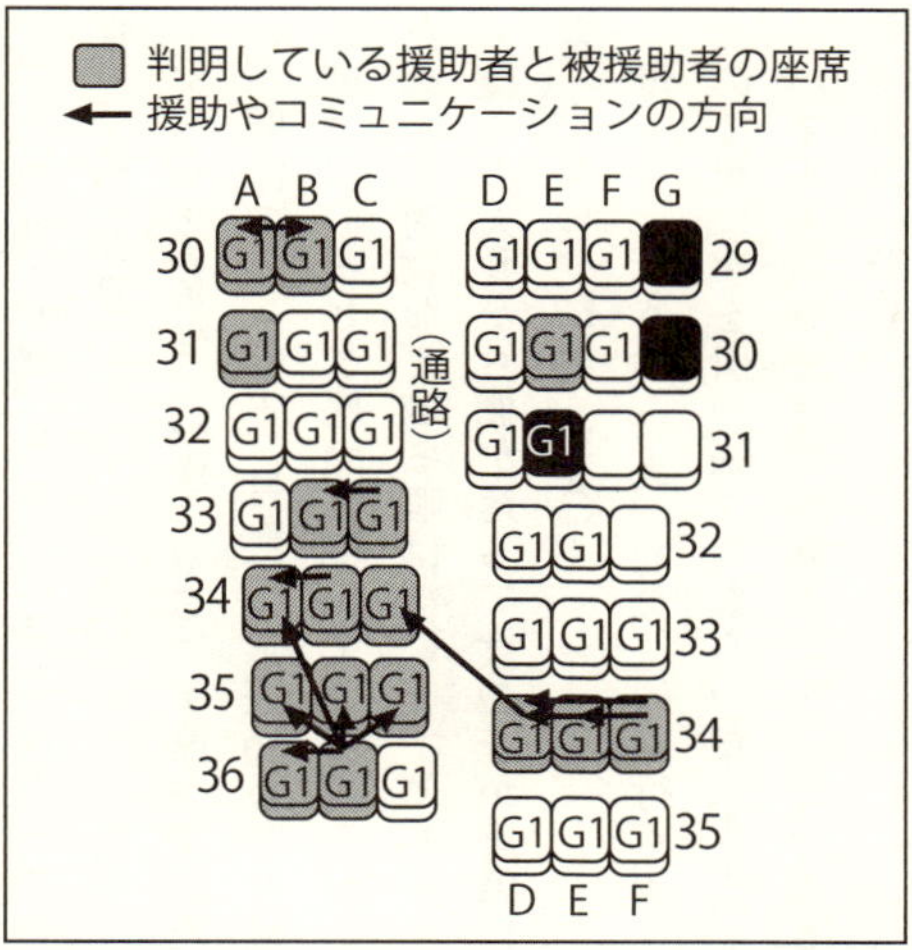

図７―14　判明している援助者と被援助者の座席位置と、援助の方向の一部（29～36列）
全体図と乗客の位置が一部違うが、搭乗後に移動したとみられる

　非常口を出たら主翼の上で、先に降りた人たちから「飛び降りて」と言われたが、足が第一と思い、腰を下ろして曲面を滑り降りた。２メートルくらいの高さだった。片膝をついたら誰かが腕を抱えてくれた。「ありがとう」と言った（G７、男性、77歳、27C）。

　亀裂がかなり狭かったので同僚

（G－、男性、43歳、30A）に押してもらった。亀裂から2人でスムーズに脱出した（G－、男性、45歳、30B）。

父（G－、男性、62歳、31C）が座っていたところに棚が落ちて逃げ出せなくなっていると思い、同僚の人（G－、男性、24歳、30D）と棚を持ち上げたが父はすでに出ていた。右側の通路を逃げているとき座席に倒れている人を起こして大丈夫かと声をかけた。手荷物を取っていたため「手荷物など取る暇はないぞ」と叫んだ（G－、男性、27歳、30E）。

後ろの天井から棚が落ちて女の子が座席にうずくまっていたので上に押し上げて通路に出た（G－、男性、52歳、31A）。

母（G－、女性、44歳、33C）に「行くよ」と言われた。逃げるときに椅子の上に登れなかったので母に手を引っ張ってもらった（G－、女性、11歳、33B）。

パネルを掻《か》き分《わ》けて座席の上をまたいだとき、会社の人が出口のところにいて手を差し伸べてくれた（33C）。

子どもの泣き声に気づいてくれたのか、後方の非常口付近におられたTさん（G－、男性、54歳、36B）が「子どもを先に渡して」というような声をかけてくれた。「子どもをお願いします」というようなことを言った。夫（G－、男性、34歳、34B）が私から子どもを受け取りTさんに手渡そうとしたとき足元が悪く亀裂のほうにずるずると滑り落ちそうになった。私はあわてて夫の腕を引っ張り上げ子どもを受け取りTさんにもう一度お願いしますと言って私ごと引っ張り上げてもらった（GⅠ、女性、28歳、34A）。

〇〇さん親子（GⅠ、女性、40歳、34F）（GⅠ、女性、16歳、34E）に、「〇〇ちゃん、こっちよ」と必死で呼ばれた（GⅠ、女性、19歳、34D）。

母（34F）が手を引いてくれた。亀裂のところまで母の誘導でたどり着いた（34E）。

自分ではどうすることもできなかったのでTさん（36B）に落ちた天井を押し上げてもらった。その人が「早く出らんね」と言ってくれた（GⅠ、女性、49歳、35B）。

Tさん（36B）に引っ張り上げてもらった（GⅠ、女性、43歳、35C）。

何かの下敷きになっていたので、夫（36B）に引っ張り出してもらい、出口に向かった（GⅠ、女性、52歳、36A）。

乗客は生命の危険を感じ、非常ドアに殺到したにもかかわらず、このようにかなりの人々が互いに助け合ったり、あるいはリーダーの声によって冷静さを取り戻したりして脱出したことが推測される。助かった第１の理由としてリーダーの存在や乗客相互の援助を取り上げていた人が26％いた。特に非常ドア３Ｌ（後方座席）と非常ドア４Ｌで多く、ここでは30％くらいの人が第１の理由として挙げていた。

5　調査のまとめ

凍結

本機の乗客の大部分は東南アジアのリゾートへ向かう団体客であった。おそらく、これからの旅行の期待で胸を膨らませ、家族や友人、職場の同僚とにぎやかに、楽しい語らいをしていたものと思われる。その証拠に乗務員からの非常ドアの説明があったと認識している人は半数弱の43％で、非常ドア３Ｌ利用者のうち後部座席の人は23％にすぎない。そしてかなりの人が靴を脱ぎリラックスしていたようである。そのようなときに突如このような事態に巻き込まれたのである。

発災直後の乗客の反応の特徴は動かない「凍結（freeze）」状態と表現できるであろう。乗客の証言を分類すればこれには次の４種類が存在する。第１は急激な事態の変化を把握できない状態である。証言の例としては「最初は何が起こったのかわからず〝何これ〟という声だった」である。第２は行動しようと思っても動けない状態である。「腰が抜け、頭の中が真っ白で何もわからない」という証言がある。第３はこれまでの行動を続けようとする傾向である。「いつまでも座席にもぐっている場合ではないと添乗員に言われた」という証言がある。第４は異常な状態ではないと解釈する「正常化偏見」である。証言の例としては「初めて飛行機に乗ったので、これが大変なことだとはわからなかった」がある。発災直後の凍結状態も個人により、その内容は微妙に異なっているようである。

パニックの程度

次が脱出の段階であるが、本事態ではかなりの悲鳴と怒声が飛び交い、そして一時は一部の非常ドアにたくさんの人が殺到して身動きがとれない状態になったようである。ただし従来の災害時の行動に関する研究では、「恐怖に駆られて他者や周りの状況を顧みず人々が逃走するために混乱が発生する」というような、いわゆるパニックはめったに発生しないことは先述の通りである。パニックはマスコミによって作られたフィクションであり、神話にすぎないという考えもある。[18]

しかし本事故の場合は、ある程度のパニックが生起したことは否定できない。ある程度というのは、事故の突発時から生存者が全員脱出するまでの間、連続して混乱が発生していたわけではなく、また全成員が混乱した行動をしたわけではないからである。逆にいえば一部、というよりもかなりの人々がある一定期間パニック状態に陥ったことは間違いない。パニックにも時間的・空間的広がりがあるものと思われる。すなわちパニック状態がどの程度続いたのか、そして全体の何割くらいの人々がそれに巻き込まれたのかがパニックの程度を規定しよう。先述したようにマスコミは往々にして、一部の人の、それも一瞬現れた混乱状態を誇張して伝える傾向があり、これが誤解のもとになっているものと思われる。ただ、大多数の人がある一定時間混乱した逃走をしていなければパニックではないともいえないだろう。一部の人の一瞬のパニックでもパニックとして捉えることも、災害時の行動を理解するのに必要だと思われる。

本事故の場合はパニック発生の条件である当事者の事態に対する危険の認知、逃走する以外に適切な対処手段がないという認知、時間が切迫して脱出可能性が次第に低下しているという認知の、3種類の認知が非常に明確で強烈であったと推測される。機内全体に悲鳴が満ち、また自分の行動がままならずシートベルトを外すにもかなり苦労した人がいた。また乗客は非常ドアに殺到して押し合い、足の踏み場もない状態であった。中には押されて踏み倒されそうになった人もいたようである。特に機体後方では脱出するとき混乱していたとか無我夢中で覚えていないとか回答した人が8割近く存在する。一方、全体としては意外に落ち着いていたと回答した人も4割くらい存在する。ただ〝意外に〟という接頭語は機体の激しい損壊に比べたら、あるいはすぐに脱出しなければ生命が危ないという極限状況であった（そのように回答した人が8割）にもかかわらず、相対的に混乱の程度が低かったというニュアンスを含んでいる。

パニックの程度は人や場所により異なり、また状況認識にも個人差があることをこのデータは示している。3Lドアと2Lには特に乗客が集中して混雑が生じている。3Lドアから117人、2Lドアからは64人の人が脱出している。7割くらいの人がこの2つのドアから脱出したようである。このような集中が生じた第1の原因は機体の損壊状態や非常ドアや座席の位置といった物理的要因であろう。しかしそれだけではなく乗客に同調行動が生起したことも挙げられよう。図７―７に示されているようにドアを選択した理由として３Ｌドアでは４割以上の人が「他者が行っていたから」と答えている。危機事態では同調傾向が強くなるという従来の実験的研究によって得られた結果がここで支持されたといえるであろう。

また危機事態では執着傾向が強くなることも明らかになった。他のドアを選択しなかった理由として他のドアが見えなかったとか考えなかったと回答した人が８割いた。視野が狭くなり、一つのドアに対する執着傾向が強くなるという従来の実験結果がここでも支持された。

それから執着傾向の高まりはドア選択だけではなく荷物に対しても現れている。「荷物や靴を捜し回った」とか、「そのような行動をしている人に注意した」と回答した人が２割くらい存在する。劇場火災では席に座っている人の脱出が、席がなく立っている人よりも大幅に遅れる傾向があることが指摘されている。荷物や座席といった些細なものに執着して命のような大切なものを失うこともありうる。

リーダーの発生

このように同調や執着、それから少数のドアへの集中殺到が生じ、一歩間違えば群集雪崩が生じる可能性があったと思われる。また「乗務員による誘導はほとんどなかった」との証言が多い。それにもかかわらず結果的には将棋倒しによる負傷者が出なかった原因の一つは乗客の中から自然発生したリーダーシップにある。本事態ではリーダーの発生場所や指示内容やタイミングが適切であったと考えられる。複数の他者に向かって「大丈夫だ、落ち着け」等の発言をした人は3Lドアより後部座席のほうに多く現れている。この辺りは多くの人が殺到していたため、もしこのような発言がなければこの付近の乗客が出口で将棋倒しになっていた可能性がある。「後ろのほうで若い男性の声で「落ち着いて」「大丈夫だ」などの大声が聞こえていた。こちらの気持ちも落ち着いた。ああいうのを天の声というのかもしれない」という証言にもあるように、このような発言によって我を取り戻したと報告した乗客も存在した。また他の乗客に、特に大きい声で「ベルトを外せ！」「出るぞ！」「出るから落ち着け！」「火が入ってきたぞ、急げ！」と呼びかけた座席29Cの男性は「自分が出した声に周りの人が反応した」と証言している。インタビューによればこの男性は「周りの人に最初もっぱら「落ち着け」と言ったが、落ち着いてばかりいられると自分が脱出できなくなるので後から「急げ」と言った」と答えている。発災直後に人々の情緒を安定させ、あるいは力強いリーダーが存在することを認識させ、その後に脱出を指示する場合に脱出効率が高くなるという従来の実験的研究の結果がここでも支持された。

それから状況に応じたリーダーシップが発揮されたともいえる。先にも述べたように、機体前方にいたドア1R、1L、2R、2Lの利用者の多くが「大丈夫だ、落ち着け！」という発言ではなく「急いで脱出しよう」という発言を聞いている。前方は機体の損壊の程度や非常ドアにおける混雑の程度も比較的低く、乗客が落ち着く必要はなかったと思われる。

またリーダーが１人ではなく複数発生したことや、そのような発言をしたリーダー自身が落ち着いたことも混乱を低減するのに効果があったものと思われる。同調はドアの選択だけではなくリーダーの発生にも影響したといえる。ある人の「落ち着け」という発言が他の人の同じような発言を促し、次々と広がっていったようである。そのような発言をした人のほとんどが男性で、しかも会社の上役や医者や添乗員といった日常的に指導的立場にいる人が多かった。本研究の結果は、日常的な職場の命令系統や役割構造が火災時の行動にも反映されることを見出した研究結果と一致する。[19] このようにリーダーシップが乗客を冷静にし、混乱を防ぐのに効果があったと考えられる。特に機体中央部ではその効果が大であったと推測される。

しかし機体最前部や最後部では「大丈夫だ、落ち着け！」といった発言を聞いた人はほとんどいない。そのかわりにここでは乗客間の相互援助がなされたようである。たとえば機体の破損状態が最も激しかったところにいた座席36Ｂの男性は図７―14に示されているように赤ん坊を含めて５～６人もの人を助けている。赤ん坊を手始めに周りの人を次々に引っ張り上げたり、また落下した天井を押し上げて脱出させたりした後、最後に自分の妻、それから自分が脱出している。

一方、このような直接的な手助けだけでなく、乗客間で言葉による励ましや情報交換も行われていた。すぐに脱出しなければ命が失われるような危機事態で助け合いや励まし合いが行われた理由の一つは、乗客のほとんどが団体旅行客であったことが考えられる。乗客が知人同士であるために利己的な行動が抑制され、また責任の分散も生じにくかったのではなかろうか。ゆえにもし乗客同士にほとんど面識がなかったとしたらこのような援助行動が生起しなかったかもしれない。

面識の有無と避難行動に関する実験

面識の有無が緊急事態の行動に影響することを明らかにした実験もある。[20] 実験は隘路《あいろ》から多数の人々が脱出・殺到する状況を想定したものであった。その状況を構成するために、きわめて限られた時間内に脱出しなければ電気ショックがくるという教示によって恐怖状況を作り、暗室にした実験室に被験者を一人一人ブースに隔離して着席させた。被験者が手元の脱出ボタンを100回打叩《だこう》すれば脱出に成功する仕組みであるが、ある被験者が打叩しているときに他の被験者が1人でも同時に打叩すれば混雑が生じて前進できなくなる（前進の様子を示すカウンターがストップしてカラ打ちの状態になる）。混雑が生じたさいには攻撃用のボタンを押すことによって相手を攻撃し蹴落として自分を優先すること、あるいは譲歩ボタンを押して他者を優先させることのいずれかができるような実験設定がなされていた。このような状況では被験者は電気ショックの危険から逃れるべく脱出ボタンの打叩を開始するのであるが、他者の妨害にあって前進できない状況が出現する。さらに被験者は視聴覚両面での感覚遮断に近い状況に置かれた。

実験は恐怖の有無（電気ショック予想の有無）と面識の有無が組み合わされた実験条件で実施された。面識あり条件では、実験の1週間前に自己紹介ゲームを行った。自己紹介ゲームとは「自分の名前の由来」「自分の子どものころ」「これからの希望」について、それぞれのテーマについて1〜3分間という決められた時間、述べるものである。それぞれのテーマについて全員が述べ終わった後、全員が他の成員の印象を紙に書き、ある評価対象者を決め、その対象者に対して、紙に書いたものを読み上げて渡すのである。全員が対象者になり、全員が評価者になる。実験の結果、面識がある条件では恐怖の程度が大きいほど、相互攻撃による足の引っ張り合いが少なくなり、脱出成功率は高くなった。一方、面識なし条件では恐怖の程度が大きければ脱出成功率が低下した。

ガルーダ事故の場合は損壊の程度が大きい機体後部ほど相互援助行動が顕在化した。乗客のほとんどが団体旅行客で互いに面識がある人が多かったことは先述した通りである。面識がない場合は先述した実験の面識なし条件と同じようになる可能性がある。事実それを示唆するような事例報告もある。たとえば1993年5月3日の「朝日新聞」の朝刊に次のような記事があった。

「いつ爆発するかわからない。機体から遠くへ逃げてください」。スチュワーデスの叫び声で、乗客475人が乗った最新鋭ジャンボの機内は、パニックに陥った。雨の羽田《はねだ》空港で2日夜、起きた全日空機事故。白煙が立ち込め、明かりが消えた機内では、乗客が先を争って非常口に殺到。非常口周辺は乗客が折り重なりあい、後ろからけられたり、押し出されるようにして脱出した。シューターがぬれていたため、多くの乗客がコンクリートの滑走路にたたきつけられ、重軽傷を負った。

この事故では、乗客はほとんど互いに面識がなかったものと思われる。集団成員間に面識がある場合とない場合では脅威の効果が異なるのかもしれない。このように緊急事態では日常の役割構造がより顕著になること、また集団の絆の大切さが示唆された。ガルーダ事故は集団の光の部分が顕在化したものとして解釈できるであろう。

以上述べてきたように危機的状況から多くの乗客は互いに助け合い、声をかけ合いながら、またリーダーの言葉を聞きながら脱出したのであるが、それでも3人の死と多くの負傷者の発生は避けられなかった。そして乗客の中には後遺症を訴えている人もいる。事故から数ヵ月経ってもなお後遺症に悩まされている人がいて、精神的な面では災害は一瞬では終わらないこともあらためて認識させられる。

緊急事態の行動に影響する絆の存在

右記の諸研究から明らかになったことは、パニックはめったに起きないということである。それよりも人々は危機を目の当たりにしても、また警報を聞いても、すぐ避難しようとはしない。最初はそのような情報を信用しようとはせず、周りの人に確認しようとする傾向がある。情報が曖昧であればなるべく軽く考えるのである。ただし、パニックはめったに起きないが、航空機事故と同じようにイメージされやすいので過大評価される傾向がある。パラドックスではあるが、パニックはめったに起きないために、それがよく起きると誤解される。パニックの定義が曖昧なことも誤解に拍車をかけている。パニックが恐怖と同じ意味で使用されるのも間違いの一つの原因であり、恐怖は必ずしもパニックにはつながらない。

それからパニックと思われる行動でも、当事者はその状況では合理的行動と思って行動している可能性が高い。多くの人は通常の役割に従って行動し、役割放棄も実際はほとんど起きないのである。しかし、センセーショナルに報道される傾向がある。

また行政当局は大衆の行動に不安を持ち、パニックを恐れるために情報を隠すこともある。不完全な情報を出すことにより人々の適応行動をかえって阻害するのである。「大丈夫、冷静に」というような根拠がない安心させる情報は避難を遅らせ、被害を拡大させる可能性もある。韓国で起きたセウォル号沈没事故の被害が拡大したのは、このような情報のためであった。

人は物理的危険から逃れるよりも親しい人や慣れ親しんだ場所に接近しようとするのである。緊急事態では親しい人と一緒にいたいという欲求が強くなる。親しい人と一緒であれば死の恐怖が軽減されることは、戦場における兵士に関する調査結果からも明らかになっている。アメリカで行われた第2次世界大戦中の士気調査によれば、多くの兵士が他の部隊に配属されることをいやがった。というのは自分の部隊が安全だと感じていたからである。[21] また海に投げ出されているという極限状況でも戦友と一緒であれば冷静であった。[22] それから兵士と将校の絆は戦闘直前や戦闘中に強くなり、互いに強い愛着感情を持つようになるということであった。また戦場では兵士は戦友と離れるより、死ぬ可能性が高いとわかっていても、戦友と運命をともにする傾向があった。[23]

また天寿を全うした人の中に、死の間際に、亡くなった親が訪ねてきたと言う人が何人もおり、そういう人は皆安らかな死を迎えたという報告もある。これを「お迎え」と呼び、介護関係者の7割が経験しているということである。

結局、生死の境においても、親しい人と一緒だったり、親しい環境に置かれていたりすれば恐怖は感じるが理性を失うことはなく、パニックにはほとんどならないといえる。

終章　集団の光と影に何が影響するか

本書では、服従や同調といった集団の影の部分と、非常事態の集団メンバーの助け合いといった光の部分を取り上げ、その現象やメカニズムについて詳述してきた。しかし、一方では服従や同調は社会生活を営むうえで普通に行われている行動であり、もしこれがなければ集団や社会は成り立たないともいえる。また緊急事態では援助行動などの善行が行われやすいといっても、状況によっては自己中心的、身勝手な行動が生起することも事実である。では集団の光と影、善と悪の出現や認識に影響する要因は何であろうか。以下のようなものが考えられる。

1　社会の価値観

時代や社会の変化に伴って、正しいことの基準が影響を受ける。たとえば昔は意識されていなかったジェンダーや同性愛に関するいくつかの言葉は「政治的正しさ」の基準から外れているために、使用が抑制されることは普通である。『記者ハンドブック』(共同通信社)の内容分析を通して差別語の変遷について調べた研究がある[1]。それによれば1964年の改訂増補版では、「人種、階級、職業などについて、差別観念を表わす語は使わない」とされている。1985年の第5版では基本的人権を守る報道に携わる者の責務が強調され「心身の状態、病気、性別、職業(職種)、身分、地位、人種、民族、地域などについて差別の観念を表す言葉、言い回しは使わない」と書かれている。2001年の第9版では「性別、職業、身分、地位、境遇、信条、人種、民族、地域、心身の状態、病気、身体的な特徴などについて差別の観念を表す言葉、言い回しは当事者にとって重大な侮辱、精神的な苦痛、あるいは差別、いじめにつながるので使用しない」というように表現が厳しくなっている。言い換えが必要な差別語の数も1964年版では18語であるが、1985年版では41個になり1997年版では62個、2001年版では110個になっている。このように人権意識の高まりが、差別用語の数の増加にも反映されている。以前は問題にされなかった、あるいは問題として認識されなかった事柄が、集団の影の部分としてクローズアップされることがある。

2 加害者と被害者の視点の違い

被験者に「これまで誰かの行為に自分が怒りを感じた出来事」について、それから「自分の行為が誰かを怒らせた出来事」についての両方を思い出して書くように要請した研究がある。[2]すなわち加害者としての体験と被害者としての体験の両方を想起させたのである。この場合、加害者と被害者は同一人物となる。調査の結果、次のような点で加害者と被害者の認識が異なることが明らかになった。

時間的展望

被害者の時間的展望は長く、現在や未来にも被害の影響が及ぶと考える傾向がある。それに対して加害者のそれは短い。単純に事件そのもの、その日の出来事だけに注目し、その前後のことには注意を払わない。そして、過去のことが現在や未来に影響するとは考えないのである。たとえば友だちと喧嘩した場合、被害者が恨みを抱き続けるのに対して、加害者は「雨降って地固まる」「友情が以前より強くなった」と思うのである。1992年7月14日の「朝日新聞」夕刊に次のような裁判に関する記事があった。

28歳の被告は、11年前に佐賀県内の中学を卒業。在学中にいじめられた仕返しのため、自分が幹事となり、佐賀市内のホテルで同窓会を開くことを計画。同窓生らを殺害する目的で爆発物3個を用意したうえ、ヒ素入りビール21本を開催の2日前に会場に持ち込んだが、計画に気づいた母親が警察に通報し、未遂に終わった。

加害者は過去の出来事を過ぎ去ったものとして考える傾向があるが、被害者はそうではない。アメリカの南北戦争の被害者ともいえる南部の人々は、かの戦争を今でも忘れられない出来事として認識しているそうである。日本でも、会津《あいづ》の人の一部は150年前の戊辰《ぼしん》戦争の被害を忘れられず、長州《ちょうしゅう》の人にわだかまりがあるらしい。また十字軍遠征とその戦争は西欧人にとっては中世で起きた、はるか昔の歴史上の事件であるが、アラブ人にとっては今でも生々しく、悲しみと憎しみを掻き立てるものであり、今もアラブの文化にダメージを与えているものとして認識されているということである。(3) 日本と韓国、北朝鮮、中国との関係も同様かもしれない。

加害者行動に関する認識

加害者の過ちをどのように解釈するかが、両者で違うということである。被害者には加害者の行為はいかなる正当な理由もない理不尽で悪逆非道のように思える。それに対して加害者はそのようには思っていない。加害者は「確かにそのようなことをしたが、あんなことはめったにしないし、これからもしない」と言ったりする。そしてその行為の意図についてもっともらしい理由づけをしたりする。

損害の程度

加害者は過小に見積もり、逆に被害者は過大視する。被害者の被害の大きさの認知は、今でもそのために苦しんでいるという思いがあるために強められている。それに対して加害者はそのような経験をすることがないので、被害を過小評価してしまう。

たとえば「教育虐待」という言葉がある。親は子どものためを思って愛情を注いでいると思い込んでいる。２０２３年９月16日の「朝日新聞」朝刊によれば、19歳の元九州大学の学生であった被告が同年３月９日に両親を殺害した事件の裁判があり、懲役24年の判決が下されたということである。被告人質問で、被告は「小学校のころから成績が悪いと胸ぐらをつかまれ、蹴られ、アザができた。１時間以上正座をさせられ、説教が続いた」と語ったという。弁護人によると、高校は佐賀県トップの公立進学校、大学は九州大に進んでも、行為はやまなかった。「人間として下の下」などとも非難していたという。長男は「心が、壊れそうになった」と振り返った。ただ、証人として出廷した叔父は、父親は被告に対する「愛情はあった」と証言した。被告が写った写真をスマホの待ち受けにし、車の中には被告の手紙を入れていたという。

以上が記事の内容である。ここにも被害者と加害者の認識のズレが見て取れる。

加害行為の原因（性格か状況か）

加害者は外部要因、場合によっては被害者に原因を求め、被害者は加害者の性格特性に原因を求める傾向がある。加害者はたとえ加害行為を認めても、被害者の非を主張する。「確かに私はいじめたかもしれないが、それは相手が自分に陰口を言ったから」と言ったりする。逆に被害者は自分の非を認めない。自分は全く善良で無実であり、加害者は良心のかけらもなく理不尽に被害者を苦しめると思っている。一方、加害者は理由もなく攻撃したとは認識していない。たいていの場合、相手が意地悪したから、暴力を振るったから、悪口を言ったから仕返ししたと思い込んでいる。

このように加害者も被害者もその役割特有のバイアスがあると考えられる。真実は加害者と被害者の主張するところの中間点にあるかもしれない。

3 内集団と外集団

人は集団を自分が所属する内集団かそれ以外の外集団かによって集団に対する認識を異にすることが明らかになっている。この内集団―外集団バイアスの存在が実験によって証明されている。(4) 実験では些細な理由(たとえば、絵の好みやコイン・トス)によって被験者はAとBの2つの集団に分けられた。その後、報酬(金銭やポイント)を分配するように言われた。そのさい、分配の対象者はたとえばA集団の10番というように伝えられた。被験者は実験終了後、他者から与えられた報酬を受け取ることになると言われた。この実験では被験者間でコミュニケーションをすることもできず、互いに匿名のままであるので被験者間に利害関係が成立してい

ると は考えられない。それでも被験者は内集団のメンバーに多くの報酬を分配した。人は単に同じ集団に所属している人というだけで、その人に好意的な反応をしたのである。人々はただ単に人を内集団メンバーと外集団メンバーに区別して、それで終わりとするわけではない。他者を集団によっていったんカテゴリー化すれば、内集団成員と外集団成員には異なる感情を抱くようになる。これが認知的、情動的バイアスやステレオタイプ的思考などにつながるのである。

ただし、多くのバイアスは非意図的で無意識のレベルにあることが多い。表面的には外集団に対してバイアスなど持っていないと主張する人でも潜在的なバイアスが測定できるＩＡＴ(Implicit Association Test) を用いた場合には、それが明らかになることもある[5]。ＩＡＴは連想課題を用いる。たとえば内集団―親切、外集団―邪悪という連想であれば、被験者は速く正確に反応できるが、逆パターンの場合には反応に時間がかかる傾向がある。このような場合には潜在的な内集団バイアスがあると判定される。潜在的バイアスはかなり強固なもので、あらゆる社会的カテゴリー（人種、民族、宗教、国家、性について）で見られる。このようなバイアスは持っていないと答える人でも、ＩＡＴで測定すれば、それが明らかになることが多い。

そのようなバイアスの一つに自集団中心主義（エスノセントリズム）がある。ほとんどの集団（部族、民族、国家）は、自分たちは優秀で高潔であると思い込む傾向がある。研究者集団でも自分たちの理論や研究手法のほうが優れ、他集団のそれは不適切であると批判することがある。このようなバイアスの背景の一つにダブルスタンダード思考がある。同じ行動に対して内集団の行動や特性はポジティブに評価し、逆に外集団の行動はネガティブに評価する。われわれの勇気は、相手にとってそれは傲慢となる。自集団の属する国に対する誇りは愛国主義であるが、相手のそれは自国中心主義となる。われわれの相手に対する譲歩は、相手にとっては策略と見なされたりする。また人々は他国の敵対的行動を「あの国はもともとそのような国だ」というように内的要因に帰属し、逆に自国の行動は外的要因に帰属する傾向も見出されている。(6)その他の集団間認知バイアスとして、以下のものがある。

外集団同質性バイアス

外集団成員は一枚岩であり、十把一絡《じっぱひとから》げに同じようなものだと思ってしまうが、自分たちの集団は多様性があると思うものである。(7)ただし、弱小集団は自分たちの同質性を高く評価するが、強い集団は「自分たちはいろいろな人がいる」と思う傾向がある。(8)集団が脅威に直面した場合にも、内集団成員の同質性が過大視される傾向があるといわれている。

一般化バイアス

外集団成員のうちの一部の者の行動や特徴が外集団のすべての成員に一般化されるものである。もし黒人が白人に虐待された場合、犠牲者はすべての白人は人種差別主義者だと思ってしまう。また他の国を訪れた旅行者がそこでたまたまぞんざいに扱われた場合、その旅行者は「その国の人はすべて不親切だ」と結論づけてしまう。逆に集団全体の特徴から個人の特徴を推測することもある。

内的要因帰属バイアス

外集団成員によるネガティブな行動は内的要因（性格、本能）に帰属される。一方ポジティブな行動は状況要因（偶然や運など）に帰属される。[9] また外集団の善行は特殊ケースと見なされることもある。そのために人は集団を再評価する必要はなく、外集団を再吟味するという認知的努力も不要になる。

記述バイアス

内集団成員の行動と外集団成員の行動では記述の詳しさや具体性が異なる。内集団成員によるネガティブな行動は具体的に記述されるが、外集団成員のそれは抽象的に記述される。たとえば内集団成員の犯罪はその詳しい背景や原因がマスコミにより取り上げられるが、外集団成員の犯罪は性格や民族の特徴に帰属されるため原因追及はなされない。逆にポジティブな行動は外集団のほうが具体的に記述される。[10] たとえば外国人がわが身を犠牲にして日本人を助けた場合、その人物の生い立ちやプライベートなことまで大々的に報道されることもある。

ステレオタイプ

特定の集団成員の性質についての認知的一般化を意味する。ステレオタイプは認知的労力の節約装置として機能し、あるカテゴリーに属する人について迅速に判断できる。ステレオタイプは個人的な認知様式ではなく、集団成員のほとんどが持っている社会的信念である。信念の内容は一般的に実体よりも誇張され気味であり、ポジティブよりもネガティブで、かつ修正がされにくい。その理由は、情報を期待や予期に沿う形で知覚したり解釈したりするからである。

そのためステレオタイプは自己成就予言として機能することが多い。[11] 自己成就予言とは、人が何かを期待すれば、その期待を達成するように行動するため、結果的に予言が当たる形になることである。たとえば、親しい人に「あの集団はわれわれに敵意を抱いていて、われわれを攻撃するかもしれない」と予言され、それを信じた人は、その集団に敵対的行動をするために、結果的に相手の攻撃行動を誘発する可能性が高くなるのである。

またステレオタイプは記憶にも影響する。ステレオタイプに合う情報は合わない情報より想起されやすい。[12] たとえば、外集団のメンバーに対するネガティブなステレオタイプがある場合、彼らのネガティブな行動がポジティブな行動よりも想起されやすくなる。そうすると外集団の成員=悪い人間という関連が立証されたと感じるのである。

さらに、ほとんどのステレオタイプは性質の温かさや能力の判断に関連している。ある集団、たとえば内集団は温かく、友好的で誠実であるが、特定の外集団は不愉快で、非友好的で、非道徳的だと思われる。それから、ある集団は有能であると見なされるのに対して、別の集団は無能で知的水準が低いと認知される。

4　行為者と観察者の認識の食い違い

『アイヒマン調書――イスラエル警察尋問録音記録』によれば、アイヒマンはイスラエル警察の尋問で「戦争中には、たった一つしか責任は問われません。命令に従う責任ということです。もし命令に背けば軍法会議にかけられます。そういう中で命令に従う以外には何もできなかったし、自らの誓いによっても縛られていたのです」と発言している。[13] つまりアイヒマンは行動の原因は自分が置かれた状況にあり、自分に責任はないと発言している。この発言は自己弁護のようにも思えるが、当人はこれを信じ込んでいた可能性も否定できない。

このように行為者は状況に原因を求め、第三者や観察者は行為者の特性に原因を求める傾向を「**行為者―観察者帰属錯誤**（actor-observer）」という。[14] その第1原因として行為者と観察者でアクセスできる情報に違いがあることが挙げられる。行為者は自分の行動の前後の文脈も把握している。そして行動は文脈や状況の違いによって変化することも理解している。一方、観察者はある一つの状況で生起した、行為者の一つの行動しか見ていない。この情報量の違いが帰属のズレとなっているのである。第2の原因として行為者と観察者で見える範囲が異なることである。観察者にとって行為者は視野の中心にいるので、どうしても行為者の特性に過剰に原因を求めてしまう。それに対して、行為者は自分の行動を見ているわけではなく、状況を見ているのである。行為者にとって自分の行動は、観察者が見ているほど目立っているわけではなく、状況のほうに関心を持っている。

5　光と影の非対称性（影が光より強いのか）

以上述べてきたように、集団の光と影はいくつかの要因によって変化する可能性がある。ゲシュタルト図形のルビンの盃《さかずき》（図E―1）のように、ある場合は光の部分が図（対象が認識可能で注目される部分）で影の部分が地（背景）となるが、別の状況ではそれが逆転する可能性もある。われわれの常識あるいは願いは、光のほうが影より優《まさ》っていることである。小説や映画、流行歌などは愛の美しさや正義の崇高さを描いているものが多い。「信じることさ　必ず最後に愛は勝つ」（「愛は勝つ」、作詞、作曲、唄、KAN）という歌詞もある。子どもを育てる場合も「ほめて育てる」「欠点をあげつらうより長所を伸ばす」ほうが良い方法だといわれている。しかし、残念ながら従来の研究によれば人は全般に、光より影、善より悪、ポジティブよりネガティブを指向し、またネガティブな情報や記憶、出来事のほうが強烈であることがわかって

図E—1　ルビンの盃

いる。光と影は非対称ということである。以下は、そのいくつかの研究例である。

高額の宝くじに当選した人（11人）と事故で体が麻痺《まひ》した人（29人）とそのような出来事を経験しなかった人の1年後の幸福感について調べた研究がある[15]。宝くじに当選した人の獲得金額は100万ドル（当時の為替レートで約3億円）から5万ドルであった。事故に遭遇した人は全身不随が11人で四肢不随が18人であった。調査の結果、宝くじに当たった人の幸福感は直後のピークからすぐに減衰し通常のレベルに戻ったが、事故にあった人の幸福感は通常レベルになかなか戻らなかった。被害者たちは、自分たちの現在の状態を嘆き、事故に遭遇した不運について考え続けた。一方、宝くじの当選者は当選前の生活の苦しさとそれから抜け出せた幸福についてそれほど考えることはなくなったということである。悪い出来事のほうが良い出来事より衝撃が大きいのである。幸福は一瞬で消え、不幸な人はいつまでも幸せな過去と現在を比較し続ける。

同様の現象が親しい関係についても現れる。結婚したカップルが自分たちの一日の出来事や様々なトピックについて話す様子を実験室や自宅で録画し、その行動を分析した研究がある[16]。調査の結果、ネガティブな行動の有無が、ポジティブな行動の有無より、カップルの関係の良さを強く規定していることがわかった。ポジティブ行動とネガティブ行動は互いに独立しており、一方を増やすと必ずしも他方が減るわけではなかった。明らかになったことは、ポジティブな行動を増やしても2人の関係に影響する傾向は弱く、逆に相手を侮辱したり、高圧的に指示したり、無視したりするようなネガティブな行動を減らすことが非常に効果的であることがわかった。関係を悪くする行動の量を1とすると、良い行動の量は5を上回らないとバランスが取れないということである。また10年以上にわたって同じカップルを追跡調査した研究によれば結婚初期のネガティブな関係が後に離婚したカップルの間で顕著だったことがわかった。一方、結婚初期のポジティブな関係や愛情と結婚の継続との関連は見出されなかった。[17] ここでも光より影のインパクトの強さが見て取れる。

知能の発達についても良い環境より悪い環境の影響が強いことが明らかになっている。社会階級と知能に相関があるのは裕福で良い環境が知能発達にプラスに働き、貧しくて悪い環境がマイナスに働くためであると考えられてきた。しかし最近の研究では、知能は遺伝的に決定されている部分が大きく、環境はその発現の程度に影響(マイナスの方向に)しているにすぎないことが示されている。すなわち、悪い環境は子どもの知能を低下させるが、良い環境で育てられたからといって遺伝的要素を凌駕《りょうが》して知能が高くなる可能性は少ないことが明らかになった。[18] 貧しい環境で育てられた子どもの知能は環境の影響を強く受けるために全体的に低くなるが、裕福な家庭で育てられた子は環境の影響を受けず、遺伝的な能力がそのまま発現するということである。要するに、親は遺伝的に優れた子どもの知能を低下させることができるが、知能が低い子どもをより賢くすることはできないということである。

また人は他者の幸福について考えるとき、幸せよりも不幸に注意を向け、そして深く分析する傾向があることも明らかになっている。人は幸せそうな人については即座に判断を下すことができるが、悲しそうな人についてはあれこれと結論が出ないことを微に入り細に入り考えるのである。[19] トルストイの小説『アンナ・カレーニナ』の冒頭に「すべて幸福な家庭は互いに似通っているが、不幸な家庭はそれぞれに不幸の趣を異にしているものである」（米川正夫訳、筑摩書房）という記述がある。先の考えに従えば、幸福な家庭については、人は十把一絡げ、通り一遍にしか考えないので、均一に見てしまうが、不幸な家庭についてはいろいろと詮索するので、それぞれが違って見えてくるということであろう。実際は、幸福と不幸のバリエーションの程度に違いはないのかもしれない。

採用人事に関する決定状況でも良い情報より悪い情報の影響力が強いことがわかっている。ある研究者は就活生に関する良い情報や悪い情報によって面接官の意見がどのように変化するかを調べた。[20] たとえば、面接官の初期の判断が採用に傾いていた場合、平均3・8個のネガティブ情報により、途中で不採用の決定に変わった。一方、最初不採用に傾いていた場合、採用に変わるためには、8・8個のポジティブ情報が必要だった。また、面接官の就活生に対する印象はポジティブなものからネガティブなものに自然に変わることが一般的で、その逆はあまりないことがわかった。

このように光の部分より影の部分が優勢なのは人が環境に適応し、個体保存と種の保存に有利になるためであるという進化論的考えがある。[21] ポジティブな結果の可能性を無視すると、折角《せっかく》のチャンスを逃したことを後悔するかもしれないが、恐ろしいことがすぐさま身に降りかかることはない。逆に、危険（ネガティブな結果）を一度でも無視すると、傷ついたり、場合によっては命を失う可能性がある。生存にはネガティブな結果に対する緊急の注意が必要であるが、ポジティブな結果はそれほど緊急ではない。そのために、人は影や悪に対してより強く反応するように心理的に設計されているとの主張もある。[22]

以上の進化論的説明は説得力があるが、一方、進化論のような大きな理論を持ち出さなくても、光と影の非対称はもっと単純な原理で部分的には説明できるかもしれない。それはネガティブな事象とポジティブな事象に対する期待や予期の違いである。たとえば先に述べた結婚したカップルの事例や他者の幸福の事例などでは、一般に人はポジティブな予期をしているであろう。自分の未来についてもそうかもしれない。そのためにネガティブな出来事は予期しないものであり、それがもし起きれば、衝撃度が大きいために出来事の情報価が高くなると思われる。

本書で取り上げた服従や同調行動は多くの人々にとって予期できなかったものであり、そのため情報価が高く、人々から注目されたということであろう。逆に緊急事態の行動の予期はパニックなどのネガティブなものであったにもかかわらず、実際は助け合いなどの利他的行動が行われたために人々の予期とズレが生じて「光」の部分が際立つ稀なケースだとも考えられる。

このようなことから集団の光と影の非対称性は環境への適応といった進化論的観点や、予期からのズレといった認知論的観点から、ある程度説明できると考えられる。

あとがき

集団は人をときには残虐にし、ときには慈悲深くすることを強く印象づけられたのは、1995年1月17日の阪神・淡路《あわじ》大震災と同年3月20日に発生した地下鉄サリン事件における若者の行動に関してであった。約2ヵ月の間に連続して発生した大きな出来事における若者の行動は対照的で、前者はいわば慈悲深く、後者は残虐に思えるものであった。被災地では多くの若者（100万人以上）がボランティアとして活動していることがマスメディアで取り上げられ、ボランティア元年なる言葉も生み出された。一方、地下鉄サリン事件の犯人はオウム真理教の信者で、彼らは見ず知らずの多くの無辜《むこ》の人を殺傷した。信者の中には有名な国立大の学生やOBも含まれていた。その彼らが「教祖の空中浮遊」や「地震兵器による震災の発生」や「ヘッドギア着用による教祖の脳波との同調」といった荒唐無稽な現象を心から信じ、また、教祖の言葉を絶対視して、逆らえば地獄に落ちると思い込んでいたらしい。信者の一人一人は心優しき若者が多く、教祖の目指す人類救済を真面目に考え、そしてそれを実現するために地下鉄にサリンを撒《ま》いたというのである。これは、まさに服従行動の心理メカニズムと同じようなものではないだろうか。もし彼らがオウム真理教に入信していなければ、震災のボランティア活動に積極的に参加していたかもしれない。

集団や状況が人を善にも悪にもすることを見事に表現しているのが菊池寛《きくちかん》の『恩讐《おんしゅう》の彼方《かなた》に』という小説である。この小説の主人公の市九郎《いちくろう》は仕えていた主人の妾《めかけ》との姦通《かんつう》、主人の殺害、逃亡の途中での美人局《つつもたせ》稼業、ゆすり、強盗、殺人とありとあらゆる悪事を働いている。ところが同行している女の強欲さに嫌気がさした市九郎は逃亡し、出家して仏道に入り、了海《りょうかい》と名前を改め数々の善行をしながら九州の耶馬渓《やばけい》にたどり着く。そこでは街道の途中で難所があり、鎖渡しのところで事故が頻発し村人が困っているところに出くわした。そこで了海は村人を救うために岩場を掘削してトンネルを掘ることを始めた。人々から狂人扱いをされながら掘り続け21年目に貫通させたのである。貫通より数年前には旧主人の子（実之助《じつのすけ》）から仇として命を狙われるが、了海の潔さに心を打たれた実之助は仇討《あだう》ちをやめて掘削を手伝い、開通時には抱き合って号泣する。美談である。

このような事例や小説は、集団や状況が人の行動に大きく影響していることを示唆している。しかし一般には人を善人と悪人として区別し、あるいは悪から善への改心として捉えられているのではないだろうか。ただし、状況の力にすべてを帰属させれば、先述したように、罪の責任を問うことができなくなる可能性もある。状況と特性の責任帰属のバランスをいかに取るのかは難しい問題である。

筆者が実施した主要な実験は、九州大学教育学部集団力学講座や九州工業大学工学部、大阪大学大学院人間科学研究科社会心理学研究室に当時所属していた学部生や大学院生や助教の方々の協力により行ったものである。お礼を申し上げたい、それから本書は7年以上前に企画したものであるが、筆者の動機づけの変動により執筆がなかなか進まなかった。本書の企画から刊行までお世話になった中公新書編集部の酒井孝博氏に心から感謝申し上げたい。

2025年

釘原 直樹

Psychology, **38**(2), 301-310. DOI: 10.1037/0022-3514.38.2.301
(13) von Lang, J. (2001). *Das Eichmann-Protokoll: Tonbandaufzeichnungen der israelischen Verhöre.* Auflage.（小俣和一郎訳，2009『アイヒマン調書——イスラエル警察尋問録音記録』岩波書店）
(14) Jones, E. E., & Nisbett, R. E. (1971). The actor and the observer: Divergent perceptions of the causes of behavior. In E. E. Jones, D. E. Kanouse, H. H. Kelly, R. E. Nisbett, S. Valins, & B. Weiner (Eds.), *Attribution: Perceiving the causes of behavior* (pp. 79-94). NJ: General Learning Press.
(15) Brickman, P., Coates, D., & Janoff-Bulman, R. (1978). Lottery winners and accident victims: Is happiness relative? *Journal of Personality and Social Psychology*, **36**(8), 917-927. DOI: 10.1037/0022-3514.36.8.917
(16) Gottman, J. (1994). *Why marriages succeed or fail: And how you can make yours last.* New York: Simon & Schuster.
(17) Huston, T. L., Caughlin, J. P., Houts, R. M., Smith, S. E., & George, L. J. (2001). The connubial crucible: Newlywed years as predictors of marital delight, distress, and divorce. *Journal of Personality and Social Psychology*, **80**(2), 237-252. DOI: 10.1037/0022-3514.80.2.237
(18) Rowe, D. C., Jacobson, K. C., & Van den Oord, E. J. C. G. (1999). Genetic and environmental influences on vocabulary IQ: Parental education level as moderator. *Child Development*, **70**(5), 1151-1162. DOI: 10.1111/1467-8624.00084
(19) Krull, D. S., & Dill, J. C. (1998). Do smiles elicit more inferences than do frowns? The effect of emotional valence on the production of spontaneous inferences. *Personality and Social Psychology Bulletin*, **24**(3), 289-300. DOI: 10.1177/0146167298243006
(20) Bolster, B. I., & Springbett, B. M. (1961). The reaction of interviewers to favorable and unfavorable information. *Journal of Applied Psychology*, **45**(2), 97-103. DOI: 10.1037/h0048316
(21) Baumeister, R. F., Bratslavsky, E., Finkenauer, C., & Vohs, K. D. (2001). Bad is stronger than good. *Review of General Psychology*, **5**(4), 323-370. DOI: 10.1037/1089-2680.5.4.323
(22) 注（21）に同じ

(22) Burns, N., & Kimura, D. (1963). Isolation and sensory deprivation. In N. Burns, R. Chambers, & E. Hendler (Eds.), *Unusual environments and human behavior.* New York: Collier-Macmillan.
(23) Marshall, S. L. A. (1947). *Men against fire: The problem of battle command.* New York: William Morrow.

【終章】
(1) 趙凌梅 (2016).「日本語における差別語の言い換えに関する歴史的研究──『記者ハンドブック』への考察を通して」『国際文化研究』**22**, 101-111.
(2) Baumeister, R. F., Stillwell, A., & Wotman, S. R. (1990). Victim and perpetrator accounts of interpersonal conflict: Autobiographical narratives about anger. *Journal of Personality and Social Psychology*, **59**(5), 994-1005. DOI: 10.1037/0022-3514.59.5.994
(3) Runciman, S. (1951-1954). *A history of the Crusades* 3 vols.. New York: Cambridge University Press.
(4) 序章注 (5) に同じ
(5) Greenwald, A. G., & Banaji, M. R. (1995). Implicit social cognition: Attitudes, self-esteem, and stereotypes. *Psychological Review*, **102**(1), 4-27. DOI: 10.1037/0033-295X.102.1.4
(6) Doosje, B., & Branscombe, N. R. (2003). Attributions for the negative historical actions of a group. *European Journal of Social Psychology*, **33**(2), 235-248. DOI: 10.1002/ejsp.142
(7) Boldry, J. G., Gaertner, L., & Quinn, J. (2007). Measuring the measures: A meta-analytic investigation of the measures of outgroup homogeneity. *Group Processes & Intergroup Relations*, **10**(2), 157-178. DOI: 10.1177/1368430207075153
(8) Guinote, A., Judd, C. M., & Brauer, M. (2002). Effects of power on perceived and objective group variability: Evidence that more powerful groups are more variable. *Journal of Personality and Social Psychology*, **82**(5), 708-721. DOI: 10.1037/0022-3514.82.5.708
(9) Hewstone, M. (1990). The “ultimate attribution error”? A review of the literature on intergroup causal attribution. *European Journal of Social Psychology*, **20**(4), 311-335. DOI: 10.1002/ejsp.2420200404
(10) Carnaghi, A., Maass, A., Gresta, S., Bianchi, M., Cadinu, M., & Arcuri, L. (2008). *Nomina sunt omina*: On the inductive potential of nouns and adjectives in person perception. *Journal of Personality and Social Psychology*, **94**(5), 839-859. DOI: 10.1037/0022-3514.94.5.839
(11) Allport, G. W., & Postman, L. (1947). *The psychology of rumor.* New York: Henry Holt.（南博訳，1952『デマの心理学』岩波書店）
(12) Howard, J. W., & Rothbart, M. (1980). Social categorization and memory for in-group and out-group behavior. *Journal of Personality and Social*

（2）注（1）に同じ
（3）「はじめに」注（5）に同じ
（4）Birch, N. (1988). *Passenger protection technology in aircraft accident fires.* Gower Technical Press.
（5）航空法調査研究会編，代表幹事宮城雅子（1995）．『複雑大規模システムにおける事故防止（II）――航空機整備をめぐって』有斐閣
（6）諸星廣夫（1995）．『航空機事故はなぜ起きる――元日航機長の警告』エール出版社
（7）第3章注（12）に同じ
（8）城仁士・杉万俊夫・渥美公秀・小花和尚子編（1996）．『心理学者がみた阪神大震災――心のケアとボランティア』ナカニシヤ出版
（9）Turner, R, H. (1976). Earthquake prediction and public policy. *Mass Emergencies*, **1**, 179-202.
（10）第3章注（9）に同じ
（11）釘原直樹（1989）．「危機状況からの脱出行動における同調性と固着性の時系列変動とその数理モデル」『心理学研究』**60**(3)，156-162. DOI: 10.4992/jjpsy.60.156
（12）Strauss, A. L. (1944). The literature on panic. *Journal of Abnormal and Social Psychology*, **39**(3), 317-328. DOI: 10.1037/h0062594
（13）Smelser, N. J. (1963). *Theory of collective behavior.* N.Y.: The Free Press of Glencoe.（会田彰・木原孝訳，1973『集合行動の理論』誠信書房）
（14）三隅二不二・佐古秀一（1982）．「模擬的緊急被災状況における誘導者のリーダーシップ行動が被誘導者の追随行動に及ぼす効果に関する実験的研究」『実験社会心理学研究』**22**(1)，49-59. DOI: 10.2130/jjesp.22.49
（15）釘原直樹（1995）．『パニック実験――危機事態の社会心理学』ナカニシヤ出版
（16）Latane, B., & Darley, J. M. (1968). Group inhibition of bystander intervention in emergencies. *Journal of Personality and Social Psychology*, **10**(3), 215-221. DOI: 10.1037/h0026570
（17）Latane, B., & Rodin, J. (1969). A lady in distress: Inhibiting effects of friends and strangers on bystander intervention. *Journal of Experimental Social Psychology*, **5**(2), 189-202. DOI: 10.1016/0022-1031(69)90046-8
（18）第6章注（9）に同じ
（19）小林正美・堀内三郎（1979）．「オフィスビルにおける火災時の人間行動の分析――その2．行動パターンの抽出」『日本建築学会論文報告集』**284**，119-125. DOI: 10.3130/aijsaxx.284.0_119
（20）Kugihara, N. (2005). Effects of physical threat and collective identity on prosocial behaviors in an emergency. In J. P. Morgan (Ed.), *Psychology of aggression* (pp. 45-67). N.Y.: Nova Science Publishers, Inc.
（21）Janis, I. L. (1963). Group identification under conditions of external danger. *British Journal of Medical Psychology*, **36**, 227-238. DOI: 10.1111/j.2044-8341.1963.tb01283.x

and Cuban missile crises. In C. F. Hermann (Ed.), *International crisis: Insights from behavioral research.* New York: Free Press.
(17) Levi, A., & Tetlock, P. E. (1980). A cognitive analysis of Japan's 1941 decision for war. *Journal of Conflict Resolution*, **24**(2), 195-211. DOI: 10.1177/002200278002400201
(18) Fritz, C. E., & Marks, E. S. (1954). The NORC studies of human behavior in disaster. *Journal of Social Issues*, **10**(3), 26-41. DOI: 10.1111/j.1540-4560.1954.tb01996.x
(19)「はじめに」注（2）に同じ
(20) Encyclopedia Titanica (2025). RMS Titanic Passengers and Crew Complete List. https://www.encyclopedia-titanica.org/titanic-passengers-and-crew/
(21) Elinder, M., & Erixson, O. (2012). Gender, social norms, and survival in maritime disasters. *PNAS*, **109**(33), 13220-13224. DOI: 10.1073/pnas.1207156109
(22) Neumayer, E., & Plümper, T. (2007). The gendered nature of natural disasters: The impact of catastrophic events on the gender gap in life expectancy, 1981-2002. *Annals of the Association of American Geographers*, **97**(3), 551-566. DOI: 10.1111/j.1467-8306.2007.00563.x
(23)「はじめに」注（3）に同じ
(24) Aguirre, B. E., Torres, M. R., Gill, K. B., & Hotchkiss, H. L. (2011). Normative collective behavior in the station building fire. *Social Silence Quarterly*, **92**(1), 100-118. DOI: 10.1111/j.1540-6237.2011.00759.x
(25) Cornwell, B. (2003). Bonded fatalities: Relational and ecological dimensions of a fire evacuation. *Sociological Quarterly*, **44**(4), 617-638. DOI: 10.1525/tsq.2003.44.4.617
(26) French, J. R. P. (1944). Organized and unorganized groups under fear and frustration. In K. Lewin et al. (Eds.), *Authority and Frustration*. Iowa City: University of Iowa Press.
(27) Proulx, G., & Fahy, R. F. (2003). Evacuation of the World Trade Center: What went right? *Proceedings of the CIB-CTBUH international conference on tall buildings, 20-23 October 2003, Malaysia.* pp. 27-34.
(28) 注（27）に同じ
(29) Drury, J., Cocking, C., & Reicher, S. (2009). The nature of collective resilience: Survivor reactions to the 2005 London bombings. *International Journal of Mass Emergencies & Disasters*, **27**(1), 66-95. DOI: 10.1177/028072700902700104

【第７章】

（１）運輸安全委員会「航空事故調査報告書　ガルーダ・インドネシア航空所属　ダグラス式DC-10-30型 PK-GIE　福岡空港　平成８年６月13日」(1997)

（6）Helbing, D., Farkas, I., & Vicsek, T. (2000). Simulating dynamical features of escape panic. *Nature*, **407**(6803), 487-490. DOI: 10.1038/35035023

【第６章】

（1）Janis, I. L. (1982). *Groupthink: Psychological studies of policy decisions and fiascoes* (2nd ed.). Boston: Houghton Mifflin.

（2）Latané, B., & Darley, J. M. (1970). *The unresponsive bystander: Why doesn't he help?* New York: Appleton-Century-Crofts.

（3）Miller, D. T., & Prentice, D. A. (2016). Changing norms to change behavior. *Annual Review of Psychology*, **67**, 339-361. DOI: 10.1146/annurev-psych-010814-015013

（4）Levine, R. V., Martinez, T. S., Brase, G., & Sorenson, K. (1994). Helping in 36 U.S. cities. *Journal of Personality and Social Psychology*, **67**(1), 69-82. DOI: 10.1037/0022-3514.67.1.69

（5）Amato, P. R. (1983). Helping behavior in urban and rural environments: Field studies based on a taxonomic organization of helping episodes. *Journal of Personality and Social Psychology*, **45**(3), 571-586. DOI: 10.1037/0022-3514.45.3.571

（6）Krueger, J. I., & Funder, D. C. (2004). Towards a balanced social psychology: Causes, consequences, and cures for the problem-seeking approach to social behavior and cognition. *Behavioral and Brain Sciences*, **27**(3), 313-327. DOI: 10.1017/S0140525X04000081

（7）注（6）に同じ

（8）兵庫県警察本部（2002）.『雑踏警備の手引き』トライス.

（9）Clarke, L. (2002). Panic: Myth or reality? *Contexts*, **1**(3), 21-26. DOI: 10.1525/ctx.2002.1.3.21

（10）Drury, J., Cocking, C., & Reicher, S. (2009). Everyone for themselves?: A comparative study of crowd solidarity among emergency survivors. *British Journal of Social Psychology*, **48**(Pt 3), 487-506. DOI: 10.1348/014466608X357893

（11）Keating, J. P. (1982). The myth of panic. *Fire Journal*, **76**(3), 57-61.

（12）Quarantelli, E. L. (2008). Conventional beliefs and counterintuitive realities. *Social Research: An International Quarterly*, **75**(3), 873-904.

（13）Myers, D. G. (2008). *Social psychology* (9th ed.). New York: McGraw-Hill.

（14）Tierney, K. (2003). Disaster beliefs and institutional interests: Recycling disaster myths in the aftermath of 9-11. In L. Clarke (Ed.), *Terrorism and disaster: New threats, new ideas (Research in Social Problems and Public Policy, Vol. 11)* (pp. 33-51.) Leeds: Emerald Group Publishing Limited. DOI: 10.1016/S0196-1152(03)11004-6

（15）Clarke, L., & Chess, C. (2008). Elites and panic: More to fear than fear itself. *Social Forces*, **87**(2), 993-1014. DOI: 10.1353/sof.0.0155

（16）Holsti, R. O. (1972). Time, alternatives, and communications: The 1914

1192-1194. DOI: 10.1037/0022-3514.43.6.1192
（7）Griskevicius, V., Goldstein, N. J., Mortensen, C. R., Cialdini, R. B., & Kenrick, D. T. (2006). Going along versus going alone: When fundamental motives facilitate strategic (non)conformity. *Journal of Personality and Social Psychology*, **91**(2), 281-294. DOI: 10.1037/0022-3514.91.2.281
（8）Costanzo, P. R., & Shaw, M. E. (1966). Conformity as a function of age level. *Child Development*, **37**(4), 967-975. DOI: 10.2307/1126618
（9）注（2）に同じ
（10）Mori, K., Ito-Koyama, A., Arai, M., & Hanayama, A. (2014). Boys, be independent! Conformity development of Japanese children in the asch experiment without using confederates. *Psychology*, **5**(7), 617-623. DOI: 10.4236/psych.2014.57073
（11）Asch, S. E. (1951). Effects of group pressure upon the modification and distortion of judgments. In H. Gentzkow (Ed.), *Groups, leadership and men*, pp.177-190. Carnegie Press.
（12）注（1）に同じ
（13）Triandis, H. C., Bontempo, R., Villareal, M. J., Asai, M., & Lucca, N. (1988). Individualism and collectivism: Cross-cultural perspectives on self-ingroup relationships. *Journal of Personality and Social Psychology*, **54**(2), 323-338. DOI: 10.1037/0022-3514.54.2.323
（14）注（4）に同じ
（15）Takano Y., & Sogon S. (2008). Are Japanese more collectivistic than Americans? Examining conformity in in-groups and the reference-group effect. *Journal of Cross-Cultural Psychology*, **39**(3), 237-250. DOI: 10.1177/0022022107313902
（16）釘原直樹・寺口司・内田遼介・阿形亜子（2015）．「Asch 型同調実験（集団サイズ２人〜８人）の30年ぶりの追試――現代の中高年と女性は集団圧力に弱い」『日本社会心理学会第56回大会発表論文集』**86**.

【第５章】

（1）Dodd, S. C. (1956). Testing message diffusion in harmonic logistic curves. *Psychometrika*, **21**, 191-205. DOI: 10.1007/BF02289099
（2）Gladwell, M. (2000). *The tipping point: How little things can make a big difference*. Abacus.（高橋啓訳，2007『急に売れ始めるにはワケがある――ネットワーク理論が明らかにする口コミの法則』SB 文庫）
（3）Kugihara, N., Sato, S., & Soejima, A. (1998). The process of achieving group uniformity. *Psychological Reports*, **83**(3), 755-766.
（4）釘原直樹・寺口司・上田耕平（2013）．「大集団の同調実験」『日本社会心理学会第54回大会発表論文集』**80**.
（5）ケイン聡一・小池真由・中島健一郎（2020）．「同調行動研究のこれまでとこれから――動機に着目する必要性」『広島大学心理学研究』**20**, 121-132.

(16) 注 (12) に同じ
(17) 今田寛 (1975).「恐怖と不安――情動と行動II」『感情心理学　第3巻』誠信書房
(18) 吉田翔・寺口司・釘原直樹 (2017).「内部告発の抑制要因の検討――被害の深刻度と集団規範が内部告発に及ぼす影響」『対人社会心理学研究』**17**, 61-68. DOI: 10.18910/67196
(19) 内閣府国民生活局 (2003).『平成14年度国民生活モニター調査 (12月実施) 調査結果 (新たな消費者政策の在り方に関する意識調査)』https://warp.da.ndl.go.jp/info:ndljp/pid/10361265/www5.cao.go.jp/seikatsu/monitor/pdf/030327monitor.pdf
(20) 王晋民・宮本聡介・今野裕之・岡本浩一 (2003).「社会心理学の観点から見た内部告発」『社会技術研究論文集』1, 268-277.
(21) Bocchiaro, P., Zimbardo, P. G., & Van Lange, P. A. M. (2012). To defy or not to defy: An experimental study of the dynamics of disobedience and whistle-blowing. *Social Influence*, **7**(1), 35-50. DOI: 10.1080/15534510.2011.648421
(22) Monin, B. (2007). Holier than me? Threatening social comparison in the moral domain. *Revue Internationale de Psychologie Sociale*, **20**(1), 53-68.
(23) Monin, B., Sawyer, P. J., & Marquez, M. J. (2008). The rejection of moral rebels: Resenting those who do the right thing. *Journal of Personality and Social Psychology*, **95**(1), 76-93. DOI: 10.1037/0022-3514.95.1.76
(24) Daiku, Y., Agata, A., Sakamoto, R., & Kugihara, N. (2018). Does the intensity of social norms affect the degree of conformity to in-group? Observations from field experiments on escalators at train stations. *The 19th annual convention of society for personality and social psychology.*

【第4章】
(1) Asch, S. E. (1955). Opinions and social pressure. *Scientific American*, **193**(5), 31-35. DOI: 10.1038/scientificamerican1155-31
(2) Bond, R., & Smith, P. B. (1996). Culture and conformity: A meta-analysis of studies using Asch's (1952b, 1956) line judgment task. *Psychological Bulletin*, **119**(1), 111-137. DOI: 10.1037/0033-2909.119.1.111
(3) Perrin, S., & Spencer, C. P. (1981). Independence or conformity in the Asch experiment as a reflection of cultural and situational factors. *British Journal of Social Psychology*, **20**(3), 205-209. DOI:10.1111/J.2044-8309.1981.TB00533.X
(4) Frager, R. (1970). Conformity and anticonformity in Japan. *Journal of Personality and Social Psychology*, **15**(3), 203-210. DOI: 10.1037/h0029434
(5) 注 (4) に同じ
(6) Bem, S. L. (1982). Gender schema theory and self-schema theory compared: A comment on Markus, Crane, Bernstein, and Siladi's 'Self-schemas and gender." *Journal of Personality and Social Psychology*, **43**(6),

持機能）に分けて分析する理論である。

【第３章】

（１）「プロ野球12球団、応援率が高い都道府県は？　地元密着ナンバー１はココ！」https://www.athome.co.jp/vox/town/10736/
（２）Forsyth, D. R. (2018). *Group dynamics* (7th ed.). Boston, MA: Cengage Learning.
（３）Morin, E. (1969). *La Rumeur d'Orléans.* Paris: Seuil.（杉山光信訳，1973『オルレアンのうわさ——女性誘拐のうわさとその神話作用』みすず書房）
（４）Chartrand, T. L., & Bargh, J. A. (1999). The chameleon effect: The perception–behavior link and social interaction. *Journal of Personality and Social Psychology,* **76**(6), 893-910. DOI: 10.1037/0022-3514.76.6.893
（５）van Baaren, R. B., Holland, R. W., Steenaert, B., & van Knippenberg, A. (2003). Mimicry for money: Behavioral consequences of imitation. *Journal of Experimental Social Psychology,* **39**(4), 393-398. DOI: 10.1016/S0022-1031(03)00014-3
（６）Guéguen, N. (2009). Mimicry and seduction: An evaluation in a courtship context. *Social Influence,* **4**(4), 249-255. DOI: 10.1080/15534510802628173
（７）内藤哲雄（1979）.「対人機制としての同化行動に関する実験的研究（II）—同化行動生起におよぼす注意他在の効果」『心理学研究』**50**(5), 279-282.　DOI: 10.4992/jjpsy.50.279
（８）福長秀彦（2022）.「新型コロナワクチンと流言・デマの拡散——接種への影響を探る」『放送研究と調査 JANUARY 2022』**72**(1), 2-23.　DOI: 10.24634/bunken.72.1_2
（９）釘原直樹（1985）.「危機状況からの脱出行動における同調性と固着性に関する実験的研究」『心理学研究』**56**(1), 29-35.　DOI: 10.4992/jjpsy.56.29
（10）Perry, J. B., & Pugh, M. D. (1978). *Collective behaviour: Response to social stress.* St. Paul: West Publishing Company.（三上俊治訳，1983『集合行動論』東京創元社）
（11）Veltford, H. R., & Lee, G. E. (1943). The Coconut Grove fire: A study of scapegoating. *Journal of Abnormal and Social Psychology,* **38**, 138-154.
（12）安倍北夫（1974）.『パニックの心理——群集の恐怖と狂気』講談社現代新書
（13）Darley, J. M. (1966). Fear and social comparison as determinants of conformity behavior. *Journal of Personality and Social Psychology,* **4**(1), 73-78. DOI: 10.1037/h0023508
（14）Back, K. W., Oelfke, S. R., Brehm, M. L., Bogdonoff, M. D., & Nowlin, J. B. (1970). Physiological and situational factors in psychopharmacological experiments. *Psychophysiology,* **6**(6), 749-760. DOI: 10.1111/j.1469-8986.1970.tb02263.x
（15）注（12）に同じ

000（水野博介訳，1995『予言がはずれるとき——この世の破滅を予知した現代のある集団を解明する』勁草書房）
（7）「離脱阻止要因の中の契約」は「参加意欲促進要因」の後に来ることが考えられる。
（8）Reeder, G. D., Monroe, A. E., & Pryor, J. B. (2008). Impressions of Milgram's obedient teachers: Situational cues inform inferences about motives and traits. *Journal of Personality and Social Psychology*, **95**(1), 1-17. DOI: 10.1037/0022-3514.95.1.1
（9）Stangneth, B. (2011). ***Eichmann vor Jerusalem: Das unbehelligte Leben eines Massenmörders.*** Hamburg: Arche Literatur Verlag AG.（香月恵里訳, 2021『エルサレム〈以前〉のアイヒマン——大量殺戮者の平穏な生活』みすず書房）
（10）McGuire, W. J. (1961). Resistance to persuasion conferred by active and passive prior refutation of the same and alternative counterarguments. *Journal of Abnormal and Social Psychology,* **63**(2), 326-332. DOI: 10.1037/h0048344
（11）Hovland, C. I., & Weiss, W. (1951). The influence of source credibility on communication effectiveness. *Public Opinion Quarterly*, **15**, 635-650. DOI: 10.1086/266350
（12）注（9）に同じ
（13）Reyna, C. (2017). Scale creation, use, and misuse: How politics undermines measurement. In T. C. Jarret & J. Lee (Eds.), *The Politics of Social Psychology* (pp. 81-98.). New York, NY: Psychology Press.
（14）Haidt, J. (2011, January). The bright future of post-partisan social psychology. Talk given at the annual convention of the Society for Personality and Social Psychology, San Antonio, TX. Retrieved from http://people.virginia.edu/~jdh6n/postpartisan.html
（15）アメリカの主要な社会心理学の雑誌 *Journal of Personality and Social Psychology* では1994年から1995年にかけて、それから *Journal of Experimental Social Psychology* では1996年32巻の途中から「被験者」から「参加者」に変わっている。日本の代表的雑誌である『心理学研究』では2005年から2006年にかけて変わっている。
（16）Baumrind, D. (2013). Is Milgram's deceptive research ethically acceptable?. *Theoretical and Applied Ethics*, **2**(2), 1-18.
（17）第1章注（16）に同じ
（18）審査過程の公表に関しては大阪大学研究倫理審査委員会規程（令和3年6月30日施行）の第13条に「委員会の組織、審査過程、判定結果その他委員会に関する事項は、個人の人権若しくはプライバシー又は研究に係る独創性若しくは知的所有権を害するおそれがあるものを除き、公開するものとする。」とある。
（19）PM 理論とはリーダーの行動を、部下を叱咤激励する行動（課題遂行・目標達成）と部下に対する配慮を行い、部下をまとめる行動（集団維

analysis of six preconceptions about internet questionnaires. *American Psychologist*, **59**(2), 93-104. DOI: 10.1037/0003-066X.59.2.93)。
(22) 注 (16) に同じ
(23) 桜井茂男 (1988). 「大学生における共感と援助行動の関係――多次元共感測定尺度を用いて」『奈良教育大学紀要』**37**(1), 149-154.
(24) 安藤明人 (1994). 「コントロール欲求尺度 (The Desirability of Control Scale) 日本語版の作成」『武庫川女子大学紀要 (人文・社会科学)』**42**, 103-109. DOI: 10.14993/00001604
(25) Sheehan, D. V., & Lecrubier, Y. (2002). *M.I.N.I. Mini-international neuropsychiatric interview. Version 5.0.0.* (大坪天平・宮岡等・上島国利訳, 2003『M.I.N.I.――精神疾患簡易構造化面接法 日本語版 5.0.0 (2003)』星和書店)
(26) Kelman, H. C., & Hamilton, V. L. (1989). *Crimes of obedience: Toward a social psychology of authority and responsibility.* New Haven, CT: Yale University Press.
(27) Nisan, M. (1991). The moral balance model: Theory and research extending our understanding of moral choice and deviation. In W. M. Kurtines & J. L. Gewirtz (Eds.), *Handbook of moral behavior and development* (pp. 213-249). Hillsdale, NJ: Erlbaum.
(28) Monin, B., & Miller, D. T. (2001). Moral credentials and the expression of prejudice. *Journal of Personality and Social Psychology*, **81**(1), 33-43. DOI: 10.1037/0022-3514.81.1.33

【第2章】
(1) Zimbardo, P. G. (2004). A situationist perspective on the psychology of evil: Understanding how good people are transformed into perpetrators. In A. G. Miller (Ed.), *The social psychology of good and evil* (pp. 21-50). The Guilford Press.
(2) Luchins, A. S. (1942). Mechanization in problem solving: The effect of Einstellung. *Psychological Monographs*, **54**(6), i-95. DOI: 10.1037/h0093502
(3) ゴルデル, ヨースタイン, 池田香代子訳, 1995『ソフィーの世界――哲学者からの不思議な手紙』日本放送出版協会
(4) Zimbardo, P. G., Maslach, C., & Haney, C. (2000). Reflections on the Stanford Prison Experiment: Genesis, transformations, consequences. In T. Blass (Ed.), *Obedience to authority: Current perspectives on the Milgram paradigm* (pp. 193-237). Mahwah, NJ: Erlbaum.
(5) Aronson, E., & Mills, J. (1959). The effect of severity of initiation on liking for a group. *Journal of Abnormal and Social Psychology*, **59**(2), 177-181. DOI: 10.1037/h0047195
(6) Festinger, L., Riecken, H. W., & Schachter, S. (1956). *When prophecy fails: A social and psychological study of a modern group that predicted the destruction of the world.* University of Minnesota Press. DOI: 10.1037/10030-

ン——悪の陳腐さについての報告』みすず書房）
（9）Slater, M., Antley, A., Davison, A., Swapp, D., Guger, C., Barker, C., Pistrang, N., & Sanchez-Vives, M. V. (2006). A virtual reprise of the Stanley Milgram obedience experiments. *PLoS ONE*, **1**(1), e39. DOI: 10.1371/journal.pone.0000039
（10）Hofling, C. K., Brotzman, E., Dalrymple, S., Graves, N., & Pierce, C. M. (1966). An experimental study in nurse-physician relationships. *Journal of Nervous and Mental Disease*, **143**(2), 171-180. DOI: 10.1097/00005053-196608000-00008
（11）Tarnow, E. (2000). Self-destructive obedience in the airplane cockpit and the concept of obedience optimization. In T. Blass (Ed.), *Obedience to authority: Current perspectives on the Milgram paradigm* (pp. 111-123). Mahwah, NJ: Erlbaum.
（12）ただし、2009年にフランスのテレビ番組として企画された「死のテレビ実験」というものはある（Nick, C., & Eltchaninoff, M. (2010). *L'expérience extrême.* DON QUICHOTTE.〔高野優監訳，2011『死のテレビ実験——人はそこまで服従するのか』河出書房新社〕)。
（13）注（7）に同じ
（14）Blass, T. (2012). A cross-cultural comparison of studies of obedience using the Milgram paradigm: A review. *Social and Personality Psychology Compass*, **6**(2), 196-205. DOI: 10.1111/j.1751-9004.2011.00417.x
（15）小森収（1982).「権威に対する服従過程に関する実験社会心理学的研究」昭和56年度大阪大学人間科学部卒業論文.
（16）Burger, J. M. (2009). Replicating Milgram: Would people still obey today? *American Psychologist*, **64**(1), 1-11. DOI: 10.1037/a0010932
（17）注（16）に同じ
（18）大島三緒（2012).「「戦前」「戦後」イメージの罠　歴史の細部を顧みれば」『日本経済新聞』2012年12月16日朝刊
（19）注（16）に同じ
（20）釘原直樹・寺口司・阿形亜子・内田遼介・井村修（2017).「日本人を対象とした服従実験——Milgram（1974）やBurger（2009）の実験との比較」『日本社会心理学会第58回大会発表論文集』**28**.
（21）一般に、インターネット調査会社による募集では、被験者に偏りがあると指摘される。しかし、近年の研究ではオンライン調査とオフライン調査で大きな差異は認められないことが示されており（Riva, G., Teruzzi, T., & Anolli, L. (2003). The use of the internet in psychological research: Comparison of online and offline questionnaires. *Cyber Psychology & Behavior*, **6**(1), 73-80. DOI: 10.1089/109493103321167983)、さらに、インターネットを用いた調査は一般的な心理学の研究に比べて幅広い年齢層、性別、社会的地位からデータを得ることが可能であるため、結果の妥当性が比較的高いといわれている（Gosling, S. D., Vazire, S., Srivastava, S., & John, O. P. (2004). Should we trust web-based studies?: A comparative

（宮島喬訳，1985『自殺論』中公文庫）
（7）Baumeister, R. F. (1997). *Evil: Inside human violence and cruelty.* New York: Freeman/Holt.
（8）いいだもも・生田あい・栗木安延・来栖宗孝・小西誠（2001）．『検証内ゲバ――日本社会運動史の負の教訓』社会批評社
（9）立花隆（1983）．『中核VS革マル』上・下，講談社文庫
（10）Nietzsche, F. (1887). Zur Genealogie der Moral: Eine Streitschrift. C. G. Naumann.（木場深定訳，1940『道徳の系譜』岩波文庫）
（11）Pemberton, M. B., Insko, C. A., & Schopler, J. (1996). Memory for and experience of differential competitive behavior of individuals and groups. *Journal of Personality and Social Psychology*, **71**(5), 953-966. DOI: 10.1037/0022-3514.71.5.953

【第1章】

（1）Zimbardo, P. (2007). *The Lucifer effect: Understanding how good people turn evil.* New York: Random House.
（2）Tetlock, P. E. (1985). Accountability: A social check on the fundamental attribution error. *Social Psychology Quarterly*, **48**(3), 227-236. DOI: 10.2307/3033683
（3）日本野球機構（2024）．「年度別成績（1936-2023）」https://npb.jp/bis/yearly/
（4）球団名は2025年現在のものであり、所有企業や球団名が変更されている場合もある。またデータ処理の都合上、楽天（2005年パ・リーグ参入）の前身は近鉄（2004年消滅）として分析した。
（5）比較を容易にするために、監督非交代年のデータは監督交代年の平均順位と一致させるために高順位年度のデータを高いほうから順に削除した。そして、交代年のデータと一致する地点まで到達したら、削除作業を停止した。要するに成績が比較的悪かったのにもかかわらず監督が交代しなかったケースを取り上げたことになる。また、全体の順位が両リーグとも3.50位ではないのは1950年から1955年にかけて7位や8位の順位が存在したからである。
（6）Smart, D. L., & Wolfe, R. (2003). The contribution of leadership and human resources to organizational success: An empirical assessment of performance in Major League Baseball. *European Sport Management Quarterly*, **3**(3), 165-188. DOI: 10.1080/16184740308721949
（7）Milgram, S. (1974). *Obedience to authority: An experimental view.* New York: Harper and Row.（岸田秀訳，1980『服従の心理――アイヒマン実験』河出書房新社）
Milgram, S. (1963). Behavioral study of obedience. *Journal of Abnormal and Social Psychology*, **67**(4), 371-378. DOI: 10.1037/h0040525
（8）Arendt, H. (1963). *Eichmann in Jerusalem: A Report on the banality of evil.* New York: Penguin.（大久保和郎訳，1969『イェルサレムのアイヒマ

註・参考文献

【はじめに】
（1） Frankl, V. E. (1946). *... trotzdem Ja zum Leben sagen: Ein Psychologe erlebt das Konzentrationslager.* Wien: Verlag für Jugend und Volk.（霜山徳爾訳, 1956『夜と霧——ドイツ強制収容所の体験記録』みすず書房）
（2） Frey, B. S., Savage, D. A., & Torgler, B. (2011). Behavior under extreme conditions: The Titanic disaster. *Journal of Economic Perspectives*, **25**(1), 209-222. DOI: 10.1257/jep.25.1.209
（3） Ager, P., Bursztyn, L., Leucht, L., & Voth, H. J. (2022). Killer incentives: Relative position, performance and risk-taking among German fighter pilots, 1939-45. *Review of Economic Studies*, **89**(5), 2257-2292. DOI: 10.1093/restud/rdab085
（4） Gershon, R. R. M., Magda, L. A., Riley, H. E. M., & Sherman, M. F. (2012). The World Trade Center evacuation study: Factors associated with initiation and length of time for evacuation. *Fire and Materials*, **36**(5-6), 481-500. DOI: 10.1002/fam.1080
（5） 釘原直樹（1997).『危機事態の混乱、同調、リーダーシップ、援助、後遺症——ガルーダ航空機炎上事故から見いだされた緊急事態の人間行動の特徴　長時間にわたる抜きつ抜かれつの競争と集団成員の動機づけの変動に関する実験的研究 基盤研究 (C) 報告書』15-37.

【序章】
（1） Campbell, D. T. (1958). Common fate, similarity, and other indices of the status of aggregates of persons as social entities. *Behavioral Science*, **3**, 14-25. DOI: 10.1002/bs.3830030103
（2） Lickel, B., Hamilton, D. L., Wieczorkowska, G., Lewis, A., Sherman, S. J., & Uhles, A. N. (2000). Varieties of groups and the perception of group entitativity. *Journal of Personality and Social Psychology*, **78**(2), 223-246. DOI: 10.1037/0022-3514.78.2.223
（3） Vaillant, G. E. (2012). *Triumphs of experience: The men of the Harvard Grant Study.* The Belknap Press of Harvard University Press. DOI: 10.4159/harvard.9780674067424
（4） Reicher S, & Levine M. (1994). On the consequences of deindividuation manipulations for the strategic communication of self: Identifiability and the presentation of social identity. *European Journal of Social Psychology*, **24**(4), 511-524. DOI: 10.1002/ejsp.2420240408
（5） Tajfel, H., & Turner, J. C. (1986). The social identity theory of intergroup behavior. In S. Worchel & W. G. Austin (Eds.), *Psychology of Intergroup Relations* (pp. 7-24). Chicago: Nelson-Hall.
（6） Durkheim, E. (1897). *Le suicide: Étude de sociologie.* Paris: Felix alcan.

釘原直樹（くぎはら・なおき）

1952年，福岡県生まれ．1975年熊本大学教育学部卒業，1982年九州大学大学院教育学研究科博士後期課程（教育心理学専攻）満期退学．大阪大学人間科学部助手，九州工業大学工学部教授，大阪大学人間科学研究科教授等を経る．大阪大学名誉教授．博士（教育心理学）．専攻・社会心理学．

著書『人はなぜ集団になると怠けるのか——「社会的手抜き」の心理学』（中公新書，2013）
『パニック実験——危機事態の社会心理学』（ナカニシヤ出版，1995）
『グループ・ダイナミックス——集団と群集の心理学』（有斐閣，2011）
『スケープゴーティング——誰が，なぜ「やり玉」に挙げられるのか』（有斐閣，2014）
『あなたの部下は，なぜ「やる気」のあるふりをするのか——組織のための「手抜き」のトリセツ』（ポプラ社，2017）
ほか

集団《しゅうだん》はなぜ残酷《ざんこく》に
また慈悲深《じひぶか》くなるのか
中公新書 *2851*

2025年4月25日発行

著　者　釘原直樹
発行者　安部順一

本文印刷　三晃印刷
カバー印刷　大熊整美堂
製　　本　フォーネット社

発行所　中央公論新社
〒100-8152
東京都千代田区大手町1-7-1
電話　販売　03-5299-1730
　　　編集　03-5299-1830
URL https://www.chuko.co.jp/

Published by CHUOKORON-SHINSHA, INC.
Printed in Japan　ISBN978-4-12-102851-8 C1211

中公新書刊行のことば

いまからちょうど五世紀まえ、グーテンベルクが近代印刷術を発明したとき、書物の大量生産は潜在的可能性を獲得し、いまからちょうど一世紀まえ、世界のおもな文明国で義務教育制度が採用されたとき、書物の大量需要の潜在性が形成された。この二つの潜在性がはげしく現実化したのが現代である。

いまや、書物によって視野を拡大し、変りゆく世界に豊かに対応しようとする強い要求を私たちは抑えることができない。この要求にこたえる義務を、今日の書物は背負っている。だが、その義務は、たんに専門的知識の通俗化をはかることによって果たされるものでもなく、通俗的好奇心にうったえて、いたずらに発行部数の巨大さを誇ることによって果たされるものでもない。現代を真摯に生きようとする読者に、真に知るに価いする知識だけを選びだして提供すること、これが中公新書の最大の目標である。

私たちは、知識として錯覚しているものによってしばしば動かされ、裏切られる。私たちは、作為によってあたえられた知識のうえに生きることがあまりに多く、ゆるぎない事実を通して思索することがあまりにすくない。中公新書が、その一貫した特色として自らに課すものは、この事実のみの持つ無条件の説得力を発揮させることである。現代にあらたな意味を投げかけるべく待機している過去の歴史的事実もまた、中公新書によって数多く発掘されるであろう。

中公新書は、現代を自らの眼で見つめようとする、逞しい知的な読者の活力となることを欲している。

一九六二年一一月

中公新書

心理・精神医学

c1

- 481 無意識の構造（改版） 河合隼雄
- 557 対象喪失 小此木啓吾
- 2061 認知症 池田　学
- 2521 老いと記憶 増本康平
- 515 少年期の心 山中康裕
- 1324 サブリミナル・マインド 下條信輔
- 2460 脳の意識　機械の意識 渡辺正峰
- 2833 脳の本質 乾　敏郎／門脇加江子
- 2603 性格とは何か 小塩真司
- 2202 言語の社会心理学 岡本真一郎
- 666 犯罪心理学入門 福島　章
- 565 死刑囚の記録 加賀乙彦
- 1169 色彩心理学入門 大山　正
- 318 知的好奇心 波多野誼余夫／稲垣佳世子
- 599 無気力の心理学（改版） 波多野誼余夫／稲垣佳世子
- 2680 モチベーションの心理学 鹿毛雅治
- 2692 後悔を活かす心理学 上市秀雄
- 907 人はいかに学ぶか 稲垣佳世子／波多野誼余夫
- 2238 人はなぜ集団になると怠けるのか 釘原直樹
- 1345 考えることの科学 市川伸一
- 757 問題解決の心理学 安西祐一郎
- 2386 悪意の心理学 岡本真一郎
- 2772 恐怖の正体 春日武彦
- 2851 集団はなぜ残酷にまた慈悲深くなるのか 釘原直樹